Campeões que inspiram

30 JOGADORES DE FUTEBOL QUE FIZERAM HISTÓRIA

Luca de Leone e Paolo Mancini
Ilustração: Giovanni Abeille

Todolivro

PORTUGAL

Cristiano Ronaldo
CR7, um homem que deixa sua marca

NOME:
Cristiano Ronaldo dos Santos Aveiro

APELIDO:
CR7

DATA DE NASCIMENTO:
05 de fevereiro de 1985

LOCAL DE NASCIMENTO:
Funchal, Portugal

CARACTERÍSTICAS DISTINTAS:
Atacante que parece uma estátua grega

SEUS CLUBES:
Sporting Lisboa, Real Madrid, Juventus, Manchester United

ATACANTE

7

— Quantas tatuagens você tem? Claro, eu já ouvi essa pergunta antes, mas nunca de um fã tão jovem. Ele não pode ter mais que sete anos de idade e é tão magro que praticamente desaparece entre os lençóis. E, no entanto, enquanto espera que eu responda, ele me marca com força com um sorriso tão brilhante quanto a luz do sol que enche a enfermaria do hospital. Sou um dos jogadores mais famosos do planeta, mas só quando venho visitar crianças doentes é que me dou conta da sorte que tenho. Instintivamente, gostaria de lhe dizer a verdade... Que fazer uma tatuagem significa que não posso doar sangue por meses. Os médicos deixaram isso bem claro. E eu não quero que isso aconteça. Ajudar crianças com problemas de saúde é o movimento que me deixa mais feliz. Mas esta não é a explicação que ele espera.

— Eu não tenho tatuagens, e você sabe por quê? — digo a ele, pela primeira vez incapaz de driblar sua curiosidade. — O que nos torna especiais são outras coisas.

Para convencê-lo, mostro-lhe o ossinho extra que se destaca em meu tornozelo. Não é normal tê-lo ali, e isso me diferencia das outras pessoas. O rosto dele se ilumina com uma sensação de admiração, e isso para mim vale mais do que qualquer Copa do Mundo.

— Aposto que você também tem uma marca secreta — sussurro eu, apontando para o pequeno hematoma deixado pela agulha do soro. Ele sorri de volta para mim. O jogo dele pode ainda não ter acabado, mas ele já é um vencedor.

CR7
Fenomenal... em todas as áreas!

1. Ele colocou um ferrão em seu drible
Quando criança, ele era chamado de abelhinha por seus companheiros de brincadeiras. Parando para pensar, a maneira como ele ziguezagueia em volta dos defensores lembra o voo de uma abelha.

2. Fortuna em seus pés
Nascido em uma família de meios modestos, CR7 é agora um dos esportistas mais ricos do mundo. Seus ganhos com acordos de patrocínio e publicidade, além de seu salário e dos hotéis que possui, significam que sua fortuna pessoal chega a 250 milhões de euros. Isso é algum dinheiro no bolso, certo?

3. Ele dá o que pode, dentro e fora de campo
Além da ajuda que dá à família, ele é um dos jogadores que mais doa para caridade. Entre suas causas favoritas estão o apoio a pacientes com câncer e centros de reabilitação para alcoólatras.

4. CR7? Uma "curtida" mundial
Com mais de 120 milhões de "curtidas", sua página no Facebook tem mais seguidores do que qualquer outra no mundo. E se somarmos as demais redes sociais, o número sobe para cerca de 350 milhões de seguidores. Isso é mais do que para qualquer estrela de cinema, o presidente dos EUA e até mesmo o papa.

5. Super campeão e... supersticioso!
Ele sempre entra no campo com o pé direito primeiro e sempre coloca a meia direita antes da esquerda. Quando viaja com o treinador da equipe, ele sempre se senta na parte de trás do avião e é sempre o último a sair do vestiário. Diferente, e não apenas com a bola.

NÚMEROS QUE DIZEM TUDO

SONHO DE GOL, PESADELO DO GOLEIRO

Com o gol marcado na partida com Eibar em novembro de 2014, ele se tornou o único jogador da Espanha a marcar contra todas as equipes que enfrentou. Ele também é o único homem a ganhar 2 prêmios de Jogador do Ano em diferentes países (Reino Unido e Espanha) e um dos poucos que ganhou várias finais da Liga dos Campeões com diferentes clubes, marcando em muitas ocasiões.

COPA DO MUNDO... A QUE ESCAPOU

Atacante prolífico, ele marcou oficialmente mais de 800 gols e foi 7 vezes artilheiro da Liga dos Campeões. Sua vitrine de troféus contém: 5 medalhas da Liga dos Campeões, 4 medalhas do Mundial de Clubes, 5 medalhas de campeonatos nacionais, 5 prêmios Bola de Ouro, 1 Campeonato Europeu. O único prêmio que falta é a Copa do Mundo com Portugal, a seleção que ele adora.

4 PASSES PARA UMA FAMA DURADOURA

CRISTIANO E A BOLA – UM ASSUNTO DO CORAÇÃO

Aos 10 anos de idade, ele chegou perto de dizer adeus ao futebol quando os médicos diagnosticaram um problema cardíaco. Era necessária uma cirurgia delicada para acertar as coisas.

EXTRATERRESTRE

Ele muitas vezes utilizou a tecnologia espacial para ajudá-lo a alcançar a forma física perfeita. Uma máquina aeróbica projetada pela NASA simula corrida em gravidade zero. Uma sauna a menos 200° centígrados indica que ele recupera energia instantaneamente.

DE ÍDOLO A... HERÓI!

Protagonista em campo... e nos livros. CR7 se tornou o verdadeiro super-herói de uma história em quadrinhos. Ele é um agente secreto que protege a Terra contra os vilões.

AO MENCIONAR O NOME DELE, OS FÃS LEVANTAM VOO!

Inspiração para milhões de fãs em todo o mundo, Cristiano Ronaldo partilha agora o nome dele com o aeroporto da ilha onde nasceu, a Ilha da Madeira!

FRANÇA

ZINÉDINE ZIDANE
Cabeça e coração

NOME:
Zinédine Yazid Zidane

APELIDO:
Zizou

DATA DE NASCIMENTO:
23 de junho de 1972

LOCAL DE NASCIMENTO:
Marselha, França

CARACTERÍSTICAS DISTINTAS:
Jogador meio-campista ofensivo, com controle de bola excepcional. Principal expoente do drible conhecido como "Veronica".

SEUS CLUBES:
Cannes, Bordeaux, Juventus, Real Madrid

MEIO-CAMPISTA

Não sou ruim com os pés e é por isso que jogo com a camisa número 10 pela França. Ainda assim, na final da Copa do Mundo de 1998, marquei dois gols contra o Brasil... de cabeça. O primeiro tempo terminou e eu acabava de vencer o Taffarel pela segunda vez. Os fãs ficam loucos. Procuro compartilhar da alegria deles, mesmo que eu não possa ver seus rostos. Meus olhos se enchem de lágrimas e penso em quando, aos 14 anos de idade, saí de casa para me tornar um jogador de futebol. Na época fui morar com Jean Claude, empresário de Cannes. Eu sabia que tinha muita sorte, mas isso não me impediu de sentir saudades da minha mãe e do meu pai. Eu chorava praticamente todas as noites. Só agora percebo que essas lágrimas de alegria derramadas foram por causa de todos os sacrifícios que fiz quando jovem. Claro, eu faria tudo de novo e não me arrependeria de nada. Na vida – e estou convencido disso – é melhor derramar lágrimas de alegria do que lágrimas de arrependimento.

Perdendo a cabeça e... o cabelo
A vitória subiu, literalmente, à cabeça dele. Depois de marcar dois gols na Copa do Mundo de 1998, ele começa a ficar careca, apesar de sempre ter tido a cabeça farta de cabelos. Sendo assim, ele decide raspar tudo, tornando-se um dos mais celebrados cortes de todos os tempos.

Talento sem limites
Nascido de pais argelinos em Marselha, ele é fluente em vários idiomas, tais como: francês, italiano, inglês e espanhol, além de sua língua nativa, o berbere.

Desenvolvendo jovens talentos
Coração de ouro, como seus pés. Em 2001, ele funda uma academia de futebol na parte da cidade onde cresceu, La Castellane, Marselha. Ele queria oferecer aos jovens jogadores a chance de explorarem o talento deles.

4 PASSES PARA UMA FAMA DURADOURA

AMOR À PRIMEIRA VISTA

Aos seis anos de idade, ele era louco por judô, mas perdeu a cabeça pelo futebol depois de ver o craque uruguaio Enzo Francescoli em ação no estádio Olympique de Marselha.

VENCENDO EM GRANDE ESTILO

Com o Juventus e o Real Madrid ganhou tudo, e de forma espetacular: 3 Campeonatos, 2 Supertaças Europeias, 1 Liga dos Campeões e 2 Taças Intercontinentais.

ELE FAZ OS GALOS VOAREM

Sua classe brilha mais forte com a seleção francesa, *Les Bleus*. Com a famosa camisa azul com escudo distintivo (o galo gaulês, *le coq*), ele vence a Copa do Mundo de 1998 em Paris. Ele também participou das Copas do Mundo de 2002 e 2006, bem como do Campeonato Europeu de 2000.

TRÊS VEZES ENTRE AS ESTRELAS

Ele marcou seu *hat-trick* mais significativo como treinador de equipe. Com o Real Madrid (os "*Galácticos*") subiu ao mais alto céu em três edições consecutivas da Liga dos Campeões (2015-2016, 2016-2017, 2017-2018). Nenhum treinador havia conseguido esse feito exorbitante antes dele.

ARGENTINA

LIONEL MESSI
Aquele gol memorável...

NOME:
Lionel Andrés Messi Cuccitini

APELIDO:
Pulga

DATA DE NASCIMENTO:
24 de junho de 1987

LOCAL DE NASCIMENTO:
Rosario, Argentina

CARACTERÍSTICAS DISTINTAS:
Número 10 de infinita nobreza e digno herdeiro do grande Diego Armando Maradona

SEUS CLUBES:
Barcelona, Paris Saint-Germain

ATACANTE

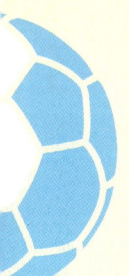

Meu companheiro de equipe Xavi passa para mim no meio-campo e alguns segundos depois já passei pelas pernas de dois jogadores do *Getafe*. Então começo a correr com a bola... Um toque com o pé esquerdo, e deixo um terceiro defensor parado. Outro toque, e eu passo por um quarto na área. Então, aqui estou eu, olhando na cara do goleiro. É o vento passando pelos meus ouvidos ou o rugido de 90 mil espectadores? Sem nem pensar, mandei o goleiro para o lado errado, batendo na bola com o pé direito. Enquanto corro em direção aos torcedores atrás do gol, levanto os olhos para o céu e procuro por ela. Claro, eu sei que não posso vê-la. Ela nos deixou há 8 anos, quando eu tinha apenas 10 anos de idade. Eu ainda a reencontro, como sempre faço. Foi minha avó Celia que me incentivou a me tornar um jogador profissional. Ela me levava para treinar e até convenceu o treinador do Grandoli a me deixar estrear com os meninos maiores.

— Lembre-se sempre, Leo. — disse-me ela um dia.

Isso foi algum tempo antes que a doença finalmente apagasse sua própria memória. Agora você vê o porquê... Toda vez que faço um gol, eu penso nela. Assim ela ficará comigo para sempre. Alguns torcedores dizem que este gol é o maior já marcado pelo Barcelona. Outros comparam com o gol que Maradona marcou contra a Inglaterra na Copa do Mundo de 1986. Dizem que é uma lembrança duradoura da grandeza de Messi. Quanto a mim, sempre penso na minha avó. Não consigo ver isso mudando.

Messi

Fenomenal... em todas as áreas!

1. Palavras não são suficientes

Muitas vezes é difícil encontrar as palavras certas para descrever seu imenso talento. Por isso, em 2013, a Real Academia Española (RAE) inventou um novo adjetivo em sua homenagem: "inmessionante".

2. Entrando e saindo do mundo dos sonhos

Leo estabelece novos recordes como dorminhoco, muitas vezes fechando os olhos por doze horas de uma só vez. Depois do almoço, ele nunca pula a sesta. Talvez por isso, quando está acordado, ele cria os movimentos que fazem o público sonhar.

3. LM 10

Com vendas médias anuais de 1,4 milhão de unidades, a "número 10" de Messi é a camisa de futebol mais vendida do mundo. Outro recorde que ele arrancou das mãos de seu arquirrival, o jogador português Cristiano Ronaldo.

4. Pé esquerdo esculpido em ouro

Apenas para mostrar o quão preciosas são as extremidades do pé de Messi, o joalheiro japonês Ginza Takana decidiu recriar uma réplica de ouro maciço de seu pé esquerdo. A peça pesa 25 quilos e está avaliada em 5,25 milhões de dólares.

5. Sua pele é testemunha

O talento também pode florescer na adversidade. Esse é o significado por trás da flor de lótus que Leo tatuou em seu braço. Essa não é sua única tatuagem. Além dos nomes de seus três filhos, Thiago, Mateo e Ciro, há também um retrato de sua mãe, Celia.

NÚMEROS QUE DIZEM TUDO

RECORDE DE PULGA

Entre os muitos recordes que o Pulga conquistou, um em particular tem um duplo significado. Ou melhor, triplo. Com os três gols que marcou em 23 de fevereiro de 2019 contra o Sevilha, Leo marcou o 50º hat-trick de sua carreira. Ele havia marcado 44 deles com o uniforme do Barcelona, enquanto os outros 6 haviam sido marcados pela Argentina.

"MAIS" É O NOME DO MEIO DELE

Pequeno em estatura (1,69 cm), mas um gigante entre os homens, Messi fez dos gols sua marca registrada. Ele é o jogador que marcou mais gols em um ano solar em torneios oficiais (91 em 2012), a maioria em uma temporada pelo seu clube (73 de 2011 a 2012), o maior número da Liga em uma única temporada (50 de 2011 a 2012), e o mais importante para a Argentina (65).

4 PASSES PARA UMA FAMA DURADOURA

DRIBLANDO A DOENÇA

Aos 11 anos de idade, Messi foi acometido por uma doença que o impedia de crescer (DGH - Deficiência de hormônio de crescimento). Ele superou a doença graças a um tratamento caro pago pelo Barcelona FC.

NEWTON E A MAÇÃ, LEO E A LARANJA

O Barcelona o selecionou com base em um vídeo que o mostrava fazendo malabarismo com uma laranja. Ele a manteve no ar tocando-a 113 vezes. Encantado com o desempenho de Leo, o secretário técnico do clube, Carles Rexach, elaborou um contrato no pedaço de papel mais próximo à mão.

MESSI LEMBRA DOS MENOS AFORTUNADOS

O coração do Grande Homem também é extra-grande. Ele doou quase um milhão de euros para o Hospital Infantil da cidade onde nasceu e para ajudar crianças envolvidas na guerra civil na Síria.

CORRIDA DO OURO

Em 2021, ele ganhou sua sétima Bola de Ouro, que se seguiu às de 2009, 2010, 2011, 2012, 2015 e 2019. Nenhum outro campeão reivindicou tanto o Prêmio... nem mesmo Cristiano Ronaldo.

HOLANDA

Marco Van Basten
O homem que conquistou corações

NOME:
Marcel Van Basten

APELIDO:
O Cisne de Utrecht

DATA DE NASCIMENTO:
31 de outubro de 1964

LOCAL DE NASCIMENTO:
Utrecht, Holanda

CARACTERÍSTICAS DISTINTAS:
O centroavante completo, excelente em habilidades com a bola e elegância

SEUS CLUBES:
Ajax, Milan

ATACANTE

Um completo estranho vem até mim e diz:
— Tenho 43 anos, mas quando penso naquele dia ainda não consigo evitar chorar.
Eu sei o que ele quer dizer. Era agosto de 1995 e eu estava dando adeus aos fãs. Pela última vez. Eu tinha apenas 30 anos de idade, mas já era hora de me aposentar. Tudo devido a uma lesão no tornozelo que não cicatrizava. Estou prestes a agradecê-lo, mas ele me engana:
— Fico emocionado. Eu costumava assistir aos jogos com meu pai e nunca vou esquecer aquele gol que você marcou contra a URSS no Campeonato Europeu. Um voleio de pé direito na área que você arremessou por cima da cabeça do goleiro para o fundo da rede. Posição louca, louca!
Ele faz uma pausa por um momento, como se estivesse fazendo uma repetição de ação em sua cabeça. Então continua, enquanto as lágrimas lhe vêm aos olhos.
— No dia em que você se despediu dos fãs, percebi que com aqueles que amamos temos que relembrar apenas os melhores momentos.

Seu nome significa futebol
Seu nome verdadeiro é Marcel, mas seus pais começam a chamá-lo de Marco, um nome italiano, quando ele ainda é um garotinho. Quase uma "marca" do destino. Foi na Itália, com o uniforme do Milan, que ele mostrou ao mundo o que era capaz de fazer, marcando 125 gols. Marco em italiano significa "eu marco", mas também "eu faço gol".

Toque de Midas
1992 é o grande ano de Marco. Após uma temporada gloriosa, ele recebe sua terceira Bola de Ouro. Ele também ganhou 6 escudos de campeonato, 2 Ligas dos Campeões e 2 Copas Intercontinentais.

No meu começo é o meu fim
Ele marca seu primeiro e último gol na Itália contra o mesmo goleiro, Alessandro Nista. Marco abriu sua conta em 1987 contra o Pisa e fechou em 1993 contra o Ancona.

14

4 PASSES PARA UMA FAMA DURADOURA

RECEBENDO O BASTÃO, DEIXANDO SUA MARCA

Em 1982 ele fez sua estreia na primeira divisão holandesa com a camisa do Ajax. Uma dupla honra: substituiu o grande Johann Cruyff... E também marcou um gol.

REALIZANDO SONHOS

Em 1988, ele levou a Holanda à vitória no Campeonato Europeu e, em 1989, na final da Liga dos Campeões, marcou dois gols contra o *Steaua Bucareste*.

O CLUBE MAIS EXCLUSIVO DO FUTEBOL

Em novembro de 1992, ele se tornou o primeiro homem na história da Liga dos Campeões a marcar quatro gols em uma partida. A vítima da pontaria de Marco foi Goteborg. Poucos outros jogadores conseguiram esse feito, entre eles Messi e Lewandowski.

O VOO DO CISNE ACABOU

Depois que uma lesão no tornozelo encerrou sua carreira gloriosa, Van Basten recebeu o prêmio final de Diego Armando Maradona. O *Pibe* estava convencido de que, se não fosse a lesão, o Cisne de Utrecht teria se tornado o maior jogador de todos os tempos.

ITÁLIA

Gianluigi Buffon
Defendendo o impossível

NOME:
Gianluigi Buffon

APELIDO:
Superman

DATA DE NASCIMENTO:
28 de janeiro de 1978

LOCAL DE NASCIMENTO:
Carrara, Itália

CARACTERÍSTICAS DISTINTAS:
Reflexos sobre-humanos

SEUS CLUBES:
Paris Saint-Germain, Juventus, Parma

GOLEIRO

Escanteio. A cinco minutos da final, mas estou animado com a ideia de vencer para a Itália em Parma. Este é o estádio onde fiz minha estreia na Série A, a primeira divisão da Itália. Tudo acontece tão rápido. Um gigante de listras vermelhas e brancas cabeceia uma bola que encontra a chuteira de Brizuela a poucos metros da minha linha. Qualquer outro goleiro teria dito que estava muito perto, que não adiantaria tentar defender. Mas meu instinto é de me jogar em direção à bola. Enquanto estou no ar, duas coisas me impressionam: o silêncio mortal que desce sobre o estádio e a voz do meu pai me dizendo:

— Ninguém pode fazer o impossível.

Ele sempre foi meu super-herói e me ensinou que para enfrentar qualquer desafio na vida é preciso arriscar. Você tinha que jogar o jogo. Por isso — eu tinha 12 anos de idade na época — decidi mudar de meio-campista para goleiro. Eu queria ser como o *Superman* na minha história em quadrinhos preferida. Eu queria parar de ser mediano. Decidi que começaria a voar... entre as traves. Então, aqui estou eu, suspenso no ar, pronto para bloquear o chute do paraguaio. As pessoas vão dizer que essa defesa foi inacreditável. Não é verdade. Acreditei que podia voar e arrisquei. Como o *Superman*.

BUFFON

Fenomenal... em todas as áreas!

 **1 Postes, barras transversais: uma vida de marcenaria**

2001. Todas as manhãs antes do treino, Gigi ajuda na marcenaria de um centro de reabilitação para dependentes de drogas em Betânia, perto de Parma. Ele lembra disso como uma das experiências mais bonitas de sua vida.

 **2 Um homem em quem se pode confiar, dentro e fora do campo**

Um grande profissional em campo e um grande homem fora dele, Buffon conquistou o respeito de inúmeros companheiros de equipe. Quando Andrea Pirlo joga seu último jogo pela Itália, Gigi presta homenagem. *"Nada é mais precioso do que um amigo"*, escreve ele.

 **3 Superação: uma obra de arte**

Aos 25 anos de idade, ele se faz de cego contra uma doença que mina seu amor pela vida. Ele supera isso com a ajuda de sua família e a beleza de uma pintura de Marc Chagall: *The Promenade*.

 **4 Eu joguei com seu pai...**

Juventus x Fiorentina, 20 de agosto de 2016. Buffon enfrenta o atacante florentino Federico Chiesa, filho de Enrico, ex-companheiro de equipe na seleção italiana. Um goleiro que segue em frente... de uma geração para outra.

 **5 Ação, rodando... desta vez para a câmera!**

Embora nunca tenha estudado Direito, Gigi obteve nota máxima quando interpretou o Promotor Público no filme *"L'allenatore nel Pallone 2"* (2008). Seus colegas de elenco eram duas lendas do futebol italiano. Francesco Totti era o advogado de defesa e Alessandro Del Piero estava no banco... como juiz.

NÚMEROS QUE DIZEM TUDO

Defendendo gols, quebrando recordes

Buffon estabeleceu muitos recordes. Ele tem mais jogos do que qualquer outro jogador italiano com a seleção e fez 176 aparições internacionais, um recorde batido apenas por Sergio Ramos (177). Nenhum goleiro na história da Série A fez mais jogos (654). Ele é um dos quatro jogadores (com Antonio Carbajal, Rafael Márquez e Lothar Matthäus) que participou de cinco Copas do Mundo.

Compreendendo o alcance de Buffon!

Não apenas longa, a carreira de Gigi também foi repleta de troféus. A lista inclui: 1 Copa do Mundo; 10 Escudos do Campeonato Italiano; 6 Copas da Itália; 1 Taça UEFA; 7 Supertaças da Itália; e 1 Supercopa da França. Apesar de ter disputado três finais da Liga dos Campeões, ele nunca colocou as mãos na medalha de vencedor.

4 PASSES PARA UMA FAMA DURADOURA

NASCIDO PARA VENCER

Buffon nasceu em uma família de esportistas. Seus pais eram campeões de arremesso de peso e suas irmãs jogavam vôlei em alto nível. Vencer é o objetivo da família!

PRIMEIRAS APARIÇÕES... NÃO SE ILUDA

19 de novembro de 1995. Com apenas 17 anos de idade, Gigi estreou na Série A pelo Parma contra o Milan. Quando o técnico Nevio Scala perguntou se ele estava pronto para continuar, ele apenas deu de ombros. Nada passou por ele.

GIGI BUFFON SE JUNTA AO CONSELHO

Em 7 de maio de 2012, ele foi eleito vice-presidente da PFA italiana. Essa foi a primeira vez que a Associação nomeou um jogador de futebol profissional cuja carreira ainda não havia terminado. Dois meses depois, Buffon tornou-se acionista único do clube de futebol da cidade onde nasceu, Carrara.

NÚMERO UM EM MANTÊ-LOS FORA

Em 20 de março de 2016, ele quebrou o recorde estabelecido por Sebastiano Rossi, do Milan, por não sofrer gol (929 minutos). Buffon conseguiu manter seu gol na Juventus intacto por 974 minutos.

HUNGRIA

Ferenc Puskás
O garoto que perseguia bondes

NOME:
Ferenc Puskás

APELIDO:
El cannoncito (o pequeno canhão), Pancho, Cycle, Major Galopante

DATA DE NASCIMENTO-MORTE:
02 de abril de 1927 – 17 de novembro de 2006

LOCAL DE NASCIMENTO:
Budapeste, Hungria

CARACTERÍSTICAS DISTINTAS:
Segundo atacante, baixinho, atarracado e forte, com um pé esquerdo arrasador.

SEUS CLUBES:
Honvéd, Real Madrid

ATACANTE

No fundo, eu sabia que meu pai acreditava em mim. Mesmo que ele nunca me elogiasse, seu rosto se iluminava quando me via fazendo malabarismo com o pé esquerdo. Ele sempre me incentivou a treinar mais, dessa maneira, eu ficaria mais forte e em forma. E foi o que fiz. Comecei a perseguir o bonde que passava perto de casa em Kipest. E eu nunca parava. Ele era rápido, mas eu também. E assim que ele me deixava para trás nas avenidas, eu voltava e começava a perseguir outro. Quando ele parava para pegar passageiros, eu ficava um pouco impaciente, mas só então eu tinha que quebrar o ritmo, entendeu. Por outro lado, logo percebi que para seguir em frente era preciso aceitar a parada ímpar. Elas te ajudam a respirar, a pensar sobre sua vida, sobre onde você quer ir e por quê. Você também pode trabalhar em suas habilidades com a bola... o que nunca será suficiente.

 **Taxa de ataque fenomenal**
Dezesseis vezes artilheiro, incluindo três vezes na Copa da Europa. Sua média de gols foi incrível: 616 gols em 620 jogos.

 **Memorial permanente**
Em 2009, o Prêmio Puskás da FIFA foi criado em honra de seu nome. Dado ao autor do melhor gol do ano, o primeiro jogador a receber o prêmio foi Cristiano Ronaldo.

 **Húngaro faminto**
Em Budapeste, o *Puskás Pancho Sport Pub* também homenageia o grande jogador, oferecendo um menu que inclui alguns de seus pratos favoritos: chucrute, *quesadillas* com queijo derretido e ovos na torrada.

4 PASSES PARA UMA FAMA DURADOURA

FAKE NEWS!

Quando, em 1956, a Revolução Húngara foi sufocada pelos tanques soviéticos invasores, rapidamente se espalhou o boato de que ele havia sido baleado. Na verdade, ele estava em Viena com sua esposa Ersebeth.

INVENCÍVEL

Na final da Copa da Europa de 1960, o Real Madrid venceu o Eintracht Frankfurt por 7x3. Embora com 33 anos de idade, Puskás marcou quatro do total de 7 gols da partida.

TAMBÉM NO BANCO DO TREINADOR

Depois de encerrar sua carreira como jogador, ele viajou o mundo como treinador. Paraguai, Canadá, Arábia Saudita, Austrália e Grécia. E durante seis meses ele também treinou a seleção húngara.

INIGUALÁVEL (OU QUASE)

O maior atacante húngaro de todos os tempos, com 84 gols em 85 internacionalizações, foi também o goleador europeu mais prolífico de uma seleção nacional. Cristiano Ronaldo (Portugal) quebrou seu recorde em 2018.

BRASIL

Edson Arantes do Nascimento
O Rei Pelé

NOME:
Edson Arantes do Nascimento

APELIDO:
Pelé, O rei do futebol, Pérola Negra

DATA DE NASCIMENTO-MORTE:
23 de outubro de 1940 -
29 de dezembro de 2022

LOCAL DE NASCIMENTO:
Três Corações, Minas Gerais

CARACTERÍSTICAS DISTINTAS:
O maior jogador de todos os tempos

SEUS CLUBES:
Santos, Cosmos

ATACANTE

Tenho quase 10 anos de idade e é a primeira vez que vejo meu pai chorar. Eu estava convencido de que ele não era capaz de fazer isso. Mas aqui está a prova final. Suas bochechas brilham com lágrimas. Está quente em casa e o ventilador está fazendo um barulho que se perde em meio às vozes irritadas que vêm do rádio. A mesma rádio que acaba de anunciar um desastre nacional: o Brasil perdeu para o Uruguai na final da Copa do Mundo. Ao olhar nos olhos de meu pai, percebo qual é a minha missão. Tenho que trazer alegria para compensar todos os sacrifícios que ele fez. Rápido como um relâmpago, penso no futebol, a única coisa que me traz alegria. Então, penso na vergonha que sinto quando faço malabarismos com uma manga. Faço isso em segredo para que meus amigos não descubram.
— Por que não podemos pagar por uma bola de verdade? — pergunto ao meu pai, praticamente todos os dias.
E toda vez que ele responde, vejo uma expressão de dor em seus olhos.
— Nunca tenha vergonha de quem você é — diz ele. — A única maneira de realizar seus sonhos é treinar duro e humildemente.
E antes que eu saiba o que está acontecendo, permito que meu coração fale.
— Pai, vou ganhar a Copa do Mundo para você, prometo.
Ele bagunça meu cabelo com as mãos, e sua tristeza se derrete em um sorriso.
— Vamos falar sobre isso quando você crescer.
"Quando eu crescer", penso comigo mesmo, sem desviar o olhar. "Quando me tornar o maior jogador de todos os tempos, isso sim."

PELÉ

Fenomenal... em todas as áreas!

 **Força de paz**
Para vê-lo jogar um amistoso em Lagos, as duas facções opostas na guerra civil nigeriana assinam um acordo de cessar-fogo com duração de 48 horas. Estamos em 1967 e Pelé realiza um de uma longa série de milagres.

2 Cartão vermelho invertido: ele expulsa o árbitro
Quando o árbitro, Velasquez, o expulsa em um amistoso entre o Santos e a seleção colombiana em 1968, a torcida se revolta. Resultado: O Rei volta ao campo e o árbitro... fica no vestiário.

3 Pés e... coração de ouro
Antes de deixar o Brasil para ir à Nova York, onde jogaria pelo *NY Cosmos*, ele doa toda a sua renda do futebol da temporada 1973/74 para os pobres de Santos. Porque um verdadeiro campeão nunca se esquece de onde vem.

 **Uma medalha com 45 anos de atraso!**
Em 1962, o Brasil conquista sua segunda Copa do Mundo. Pelé não chega à final devido a uma lesão e por isso não recebe a medalha de vencedor. Mas ele não é nada além de obstinado e, no final, sua paciência é recompensada! Em 2007, a FIFA reconhece o erro e lhe concede uma medalha de ouro. Só com 45 anos de atraso.

 **Pelé superou todos eles... inclusive a si mesmo**
Sua carreira termina em 1º de outubro de 1977 no *Giants Stadium*. O Cosmos enfrenta o Santos, os dois clubes onde Pelé fez sua gloriosa carreira. Lotação esgotada. Pelé joga o primeiro tempo com o uniforme de um clube e o segundo com o uniforme do outro. Assim ele desafia seu presente e seu passado. Uma partida que durou 21 anos.

Números que dizem tudo

Nada seria capaz de detê-lo!
Único jogador a ter vencido 3 Copas do Mundo (1958, 1962, 1970), ele marcou mais gols do que qualquer outro jogador da história, 1.281 em 1.363 partidas. Isso significa praticamente um gol por partida (muitos de seus maiores gols podem ser assistidos online). Ele estreou pela seleção aos 16 anos de idade, conquistando 10 títulos campeões com o Santos e terminando 11 temporadas como artilheiro. O maior número de gols que ele marcou em uma única temporada foi 58.

Tiveram que inventar uma nova taça
Seus troféus incluem 2 Copas Libertadores e 2 Copas Intercontinentais, mas é difícil contar todos os prêmios que ele conquistou. Isso porque Pelé ganhou todos eles. A FIFA, portanto, criou um troféu especial só para ele. Em 2013, Pelé recebeu a *Bola de Ouro* da carreira, um título nunca antes concedido.

4 passes para uma fama duradoura

Garoto da chuteira de ouro
Para ajudar seus pais a sobreviver, ele ganhava alguns centavos extras limpando os sapatos dos amigos de seu pai e vendendo amendoim na estação.

Ele também jogou no gol
Rio de Janeiro, 1969. Em um jogo fora de casa com o Botafogo, Pelé arriscou marcar seu milésimo gol. Mas ele queria comemorar esse marco diante de seus torcedores no estádio do Maracanã. O que fazer? Vestiu as luvas e jogou no gol.

Homem e monumento
Em 2011 Pelé foi declarado Patrimônio Histórico, Esportivo e Humano do Brasil, título que faz de seu talento e *fair-play* um monumento nacional.

Fuga para a Vitória: uma partida em um campo de prisioneiros
Fazendo o papel de Luis Fernandez, ele apareceu no filme de John Huston "Fuga para a Vitória" (1981). O elenco também incluiu Michael Caine e Sylvester Stallone. O chute de Pelé foi inesquecível!

HOLANDA

Johan Cruijff
Dedicação total

NOME:
Hendrik Johannes Cruijff (Cruyff)

APELIDO:
Pelé branco

DATA DE NASCIMENTO-MORTE:
25 de abril de 1947 – 24 de março de 2016

LOCAL DE NASCIMENTO:
Amsterdã, Holanda

CARACTERÍSTICAS DISTINTAS:
Mudanças de ritmo e direção que fazem dele um pesadelo para marcar qualquer adversário.

SEUS CLUBES:
Ajax, Barcelona, L.A. Aztecs, Washington Diplomats, Levante, Feyenoord

MEIO-ATACANTE

– O que você quer dizer com "não consigo encontrar minha camisa"? Faltam apenas alguns minutos para começar o jogo. É Ajax contra PSV Eindhoven e meu companheiro de equipe, Gerrie Mühren, ainda está andando pelo vestiário, seminu. Ele parece bastante perdido.
– OK, você pega a minha camisa número 9 – não posso deixar de dizer. – Usarei outra camisa.
Faço um mergulho da sorte no baú das camisas e sai a número 14. Quem sabe se um dia me dará sorte... Dizem que fui o homem que inventou o Futebol Total, porque eu tinha todas as habilidades necessárias para fazer o trabalho perfeito. Eu vejo esse "total" de uma maneira diferente. Acho que você deve se entregar de todo o coração, mesmo nas pequenas coisas, em atos de respeito pelos outros. Dessa forma, todo esporte se torna uma experiência de vida "total". De qualquer forma, que diferença faz se você estiver vestindo o número 9 ou 14 nas costas? Todos somos mais que um número.

 Três vezes Jogador do Ano
Uma lenda do futebol, ele foi o primeiro jogador da história a ganhar três prêmios Bola de Ouro (1971, 1973 e 1974). Muito antes de campeões absolutos como Platini, Van Basten, Messi e Cristiano Ronaldo.

 Um nome escrito nas estrelas
Para homenagear o número que ele usava (14), um asteroide descoberto por astrônomos holandeses em 1960 mudou de nome. Conhecido primeiramente como 14282, mais tarde foi rebatizado de "Cruyff".

Transmitindo valores
Financiados pelo seu fundo de caridade, mais de 200 campos de futebol em toda a Europa transmitem os valores desportivos aos seus jovens participantes. Isso inclui respeito, compartilhamento e integração.

26

4 PASSES PARA UMA FAMA DURADOURA

MAS ISSO EU NÃO ACREDITO!

Incrivelmente, Cruyff foi dispensado do serviço militar nacional por causa de seus pés chatos e a deficiência que tinha no tornozelo, cuja má formação o obrigava a utilizar aparelhos ortopédicos! Defeitos que desapareceram quando ele calçou suas chuteiras.

CONSTRUIR UM CORPO PARA O TRABALHO

Para transformar um corpo não muito atlético em algo mais robusto, ele treinava com sacos de areia de 4kg sobre o blusão de treino.

VALOR ASTRONÔMICO

Quando o Barcelona o comprou do Ajax por uma taxa de transferência recorde mundial, o Lloyds de Londres segurou suas pernas por uma quantia astronômica.

QUALIDADE TOTAL

Em 1999, Cruyff foi eleito o "Melhor Jogador do Século". Ele é um dos únicos seis treinadores que levaram um time à vitória na Liga dos Campeões, tendo conquistado anteriormente o troféu como jogador.

EGITO

MOHAMED SALAH
FARAÓ DO FUTURO

NOME:
Mohamed Salah Ghaly

APELIDO:
Momo, Messi do Egito

DATA DE NASCIMENTO:
15 de junho de 1992

LOCAL DE NASCIMENTO:
Nagrig, Egito

CARACTERÍSTICAS DISTINTAS:
Segundo atacante de ritmo acelerado com habilidades técnicas e de drible.

SEUS CLUBES:
Al-Mokawloon, Basel, Chelsea, Fiorentina, Roma, Liverpool

ATACANTE

Tudo bem, então eu marquei trinta e dois gols em trinta e seis jogos na *Premier League* no meu primeiro ano com o Liverpool. Confesso que é muito. Mas, francamente, todo esse barulho é um pouco demais. Quando entrei no Museu Britânico e vi minhas chuteiras expostas ao lado da miniatura da Esfinge, tenho que admitir, fiquei muito emocionado. Na minha frente estão dois jovens torcedores do Liverpool que ainda não me viram. Eles estão conversando muito animados e dizendo que eu sou o ídolo deles e isso é o que me dá mais satisfação. Quando eu tinha a idade deles, meus pais não sabiam o que fazer: me deixar jogar futebol ou fazer eu me concentrar nos trabalhos escolares. No final, eles tomaram a decisão certa e eu nunca deixarei de ser imensamente grato a eles. Penso neles enquanto dou uma última olhada em minhas chuteiras verdes e azuis na vitrine de vidro, em frente ao sarcófago de pedra. De certa forma, acho que elas realmente são uma ligação com o passado glorioso do Egito. Elas são a prova viva de que, se você seguir a sua estrela, com muito trabalho e boa sorte, poderá ver seu talento à mostra... Em Egiptologia.

SALAH

Fenomenal... em todas as áreas!

 **Herói do futebol... e a escolha do povo para presidente**

Nas eleições presidenciais egípcias, ele obteve um milhão de votos, 6% do total de votos expressos. Isso diz muito sobre o respeito que ele usufrui em sua terra natal. Ainda mais sabendo que ele nem era candidato!

 **Grande talento, grande coração**

Generoso em campo e de coração aberto, ele doa muito dinheiro a outros egípcios menos afortunados. Por exemplo, ele ajuda crianças em hospitais e financia projetos para levar água a vilarejos onde não há.

 **Slalom Gigante... na neve**

Em 2018, ele ganhou o "Prêmio Puskás da FIFA" pelo melhor gol do ano. Seu drible de *slalom* contra o Everton terminou com um chute desviado que foi para o canto superior da trave. Ele até superou o chute aéreo de Cristiano Ronaldo na Liga dos Campeões contra a Juventus.

 **Mosalahi: Ó homem! Uma formiga em Omã?**

Considerado o maior jogador egípcio de todos os tempos, seu raro talento recebeu uma homenagem no mínimo... incomum. O professor Mostafa Sharaf, que descobriu uma nova espécie de formiga em Omã, decidiu batizá-la de "*Meranoplus mosalahi*"... sabe em homenagem a quem, né.

 **Influência global**

Modelo de vida para egípcios e muçulmanos em todo o mundo, com apenas 26 anos de idade, Salah foi incluído na lista da revista *TIME* das pessoas mais influentes do planeta.

4 PASSES PARA UMA FAMA DURADOURA

MAGO DOS DRIBLES

Sua capacidade de correr com a bola em velocidade, driblando em espaços apertados, lhe rendeu o título invejável "Messi do Egito".

ELE NUNCA FICA PARADO

Em entrevista coletiva, Luciano Spalletti, então técnico do Roma, exibiu um vídeo para demonstrar o que considerava a atitude vencedora de Salah. Embora o Roma estivesse em vantagem de 4x1, ele correu 90 metros para trás para recuperar uma bola em seu próprio campo.

TEMPORADA FRUTÍFERA

Sua primeira temporada na Premier League com o Liverpool foi devastadora. Sabiamente orientado por Jürgen Klopp, terminou a temporada com 44 gols em 52 jogos, tendo também arrecadado o prêmio de "Melhor Jogador Africano de 2017".

PRIMEIRO NA EUROPA

Em junho de 2019, ele levou o Liverpool à vitória por 2x0 na Liga dos Campeões, marcando um gol contra o Spurs na final de Madri.

NÚMEROS QUE DIZEM TUDO

No livro dos recordes

No uniforme vermelho do Liverpool ele bate recorde após recorde. Nenhum jogador africano marcou mais gols em uma única temporada da Liga (32) e mais em uma única competição da Liga dos Campeões (11). Ele é o melhor atacante da Premier League com mais de 100 gols e um dos poucos (entre eles Efan Ekoku e Yakubu) a ter marcado 4 gols em uma partida da Premier League.

Clube

Suas honrarias incluem: 2 Campeonatos Suíços (Basel, 2012-2013 e 2013-2014), 1 Taça da Liga (Chelsea, 2014-2015) e 1 Liga dos Campeões (Liverpool, 2018-2019). Ele foi 2 vezes artilheiro da Premier League com o Liverpool (32 gols, 2017-2018; 22 gols, 2018-2019).

RÚSSIA

Levi Yashin
Um Homem-Aranha na boca do gol

NOME:
Lev Ivanovič Yašin (em russo: Лев Иванович Яшин) (Yashin)

APELIDO:
Aranha negra, Pantera negra

DATA DE NASCIMENTO-MORTE:
22 de outubro de 1929 – 20 de março de 1990

LOCAL DE NASCIMENTO:
Moscou, Rússia

CARACTERÍSTICAS DISTINTAS:
Goleiro de estilo e classe com reflexos velozes.

SEUS CLUBES:
Dínamo de Moscou

GOLEIRO

Alguns jogadores sonham em fazer o gol perfeito. Outros sonham em fazer a defesa perfeita. Eles voam entre os postes da trave, tecendo uma teia de aranha para manter a bola fora dela. Estou falando de goleiros, e é isso o que eu sou. Me chamam de Aranha Negra, e sem dúvida você adivinhou o porquê. Espero imóvel na teia de linhas brancas que marcam a minha área, retendo bolas perdidas que vêm em direção à minha rede como moscas. E isso não é tudo. Sou tão rápido que às vezes parece que tenho oito braços e pernas. Ah, e um olhar escuro de aranha que lança um feitiço sobre o pretenso atacante. Eu os hipnotizo. Certa vez, sem dizer uma palavra, fiz Sandro Mazzola, a lenda italiana, colocar a bola exatamente onde eu havia decidido. Essa defesa foi uma obra de arte. Cada aranha tece sua teia com a magia de um verdadeiro… artista!

 **Reações do grande felino**
Nenhuma bola passou sua linha por mais de 200 partidas. Ele defendeu 86 pênaltis. Seus reflexos felinos estavam em perfeita sintonia com seu nome, "Lev" que significa "leão" em russo. Suas mãos são como ímãs, atraindo a bola. E é por isso que o chamavam de "Aranha Negra".

 **Goleiro: saindo de sua linha**
Yashin redefiniu o papel do goleiro moderno. Três vezes eleito o "Melhor Goleiro do Campeonato Soviético" (1960, 1963 e 1966), ele é o único número 1 da história a receber a Bola de Ouro.

 **Símbolo de estabilidade: um herói nacional**
Em 1972 ele é retratado na nota de dois rublos e quase cinquenta anos depois, sua foto é escolhida para o pôster na Copa do Mundo, Rússia 2018.

4 PASSES PARA UMA FAMA DURADOURA

VINDO DO FRIO

Depois de fazer uma estreia desastrosa com o Dínamo de Moscou, em 1949 ele foi enviado para atuar durante um período de três anos como goleiro, para um time de hóquei no gelo. Ele voltou ao futebol em 1954, aos 24 anos de idade.

LEALDADE

Ele passou toda a carreira dele jogando pelo celebrado clube russo. Em 22 anos, ganhou 5 campeonatos e 3 Copas da União Soviética.

QUATRO VEZES SENTINELA DA COPA DO MUNDO

Ele está entre os poucos escolhidos para ter disputado quatro Copas do Mundo: três como goleiro titular (1958, 1962, 1966) e uma como reserva em 1970. A última vez foi aos veneráveis 40 anos de idade.

GIGANTES DO FUTEBOL PRESTAM HOMENAGEM

Em 1971, ele comemorou sua aposentadoria do jogo na frente de uma multidão de 103.000 pessoas lotadas no Estádio Lenin, em Moscou. Entre os colegas estrangeiros que aceitaram jogar pelo *Rest of the World*, como testemunho de respeito, estavam lendas do futebol como Beckenbauer, Pelé, Dennis Law e Eusébio.

SUÉCIA

Zlatan Ibrahimović
Esse é quem eu sou!

NOME:
Zlatan Ibrahimović

APELIDO:
Não, obrigado!

DATA DE NASCIMENTO:
03 de outubro de 1981

LOCAL DE NASCIMENTO:
Malmö, Suécia

CARACTERÍSTICAS DISTINTAS:
Número 9 que une força à técnica ultra refinada.

SEUS CLUBES:
Malmö FF, Ajax, Juventus, Inter de Milão, Barcelona, Paris Saint-Germain, Manchester United, L.A. Galaxy.

ATACANTE

— Levante-se! O cheiro de grama me faz vomitar, e meu joelho direito lateja de dor. Porém, posso ouvir aquela voz clara como um sino. "Levante-se!" Eu tinha certeza de que conseguiria controlar a bola no peito. A defesa do Anderlecht com quem trombei era grande e forte. Acontece que eu também era, até um pouco maior do que ele. Talvez eu estivesse pensando onde deveria lançar a bola, e foi isso que me desencorajou. Quando caí no gramado, minha perna se dobrou embaixo de mim... e nem me pergunte se doeu! Meu joelho urrava de dor, uma voz insistente e doentia, abafando todos os outros ruídos. Ouvi essa voz pela primeira vez quando eu tinha 10 anos de idade. Minha equipe, Balkan, estava jogando contra o Vellinge. Eu disse ao treinador para onde ir, então ele me deixou no banco para me mostrar quem era o chefe. Estávamos a quatro gols quando ele finalmente disse:

— Levante-se, Zlatan, você está dentro!

Eu corri para o campo. Já era o segundo tempo, mas mesmo assim marquei oito gols... e não me pergunte se ganhamos!

— Levante-se!

Nunca é um companheiro de equipe ou o treinador gritando comigo. É sempre uma voz dentro da minha cabeça. Nosso destino está em nossas mãos. Tudo se resume a acreditar em quem somos. É por isso que eu me levanto novamente, apesar da dor, apesar do medo. Nenhuma lesão deixa Zlatan no banco ou fora do jogo. Eu sei quem sou. Eu sou o jogo, o jogo é quem eu sou.

IBRAHIMOVIĆ

Fenomenal... em todas as áreas!

1. A todo custo!

Paul Pogba, amigo de Zlatan, é um dos jogadores com o preço mais alto de todos os tempos (105 milhões de euros, pagos pelo Manchester United). As taxas de transferência da Ibra chegam a mais de 170 milhões de euros.

2. O coração que bate... em campo

"É aqui que meu coração bate... passe adiante a tradição." Assim lê a inscrição no campo de barro em Malmö, onde Zlatan chutou uma bola pela primeira vez. Ele reconstruiu as instalações de treinamento para ajudar os jovens jogadores da área.

3. Não fique no caminho dele!

Ninguém poderia acusar Zlatan de baixa autoestima. Tão alto ele avalia seu próprio talento que um novo verbo foi criado, *"zlatanerar"*, que rapidamente entrou no dicionário sueco. Primeiramente cunhado em francês, *"zlataner"* se traduz como "conseguir o que quer".

4. Música para os ouvidos

Mas a força não significa nada sem... classe. Muito impressionado com a elegância de Ibra no campo de jogo, o autor *best-seller* Björn Ranelid escreve: "Os movimentos que ele cria são irreais... [como] improvisações de jazz".

5. Cowboy do espaço com os pés no chão

Autoconfiança galáctica, mas com os pés firmes na Terra (e principalmente nela). Não é de se admirar, então, que na entrada de sua vila em Malmö ele tenha colocado uma enorme foto de seus dois pés sujos. Por quê? Fácil, diz Ibra:
— Foram eles que pagaram tudo isto aqui.

Números que dizem tudo
Em uma liga própria

Ibra é o único jogador a ter vencido 11 campeonatos em 4 ligas diferentes. Ele é o único jogador a ter feito gol em sua estreia em 4 campeonatos diferentes. Ele é o único jogador a ter feito gol na Liga dos Campeões com 6 clubes de diferentes ligas nacionais.

Mestre em Artes (Marciais)

Um dos poucos atacantes do mundo a ter feito gol mais de 500 vezes, ele alcançou o 500º jogando pelo Los Angeles Galaxy contra o Toronto e fez isso com um voleio espetacular com o calcanhar. Ele pegou emprestado o movimento do taekwondo, uma arte marcial que Ibra praticou durante muitos anos.

4 passes para uma fama duradoura

Exercício de classe

Título de uma redação no ensino médio: "Onde você se vê daqui a 5 anos?". A resposta do jovem Zlatan é direta e objetiva: "No futebol profissional". Adivinho, sábio além de sua idade, ou simplesmente certo?

Aberto a críticas... quando se trata de si mesmo

Em sua primeira temporada no Malmö, em um jogo em que não estava jogando tão bem, ele pediu para ser retirado e substituído. O calibre de um jogador pode ser medido por sua capacidade de aceitar a autocrítica!

Não me irrite!

Em 2000, ele estava prestes a assinar pelo Arsenal. Mas quando o técnico Arsène Wenger pediu que ele fizesse um teste, Ibra cancelou o acordo.
— Zlatan não faz testes — gritou ele.

Muitíssimo obrigado!

Quando Zlatan desembarcou na Califórnia em 2018, depois de assinar com o Los Angeles Galaxy, ele publicou um anúncio de página inteira no LA Times que trazia uma única frase: "Querida Los Angeles, de nada!"

ALEMANHA

Franz Beckenbauer
Um líder forte e silencioso

NOME:
Franz Anton Beckenbauer

APELIDO:
Kaiser ("Imperador", em alemão) Franz

DATA DE NASCIMENTO-MORTE:
11 de setembro de 1945 - 7 de janeiro de 2024.

LOCAL DE NASCIMENTO:
Munique, Alemanha

CARACTERÍSTICAS DISTINTAS:
Varredor e craque genial.

SEUS CLUBES:
Bayern Munich, N.Y. Cosmos, Hamburg, N.Y. Cosmos

ZAGUEIRO

— Você acha que vai conseguir, *Kaiser*? Lanço um olhar de reprovação para o meu empresário, Helmut Schön. Afinal, que tipo de pergunta é essa? Desloquei o ombro no início do primeiro tempo, mas esta é a final da Copa do Mundo de 1970, e não pretendo abandonar meu posto de meio-campista central da seleção da Alemanha Ocidental. Eu ajusto o curativo branco e mordo a bala. Claro que dói, mas esse curativo explica por que estou usando a braçadeira de capitão. Liderar uma equipe significa ranger os dentes para seus companheiros. Meu braço está praticamente fora de ação, mas meus colegas jogadores e toda a nação vão me ajudar. O jogo está apenas começando, mas já fizemos história.

1 Rei das Taças
O *Kaiser* Franz ganhou tudo o que havia para ganhar: Liga dos Campeões, Recopa, Bundesliga e Copas (com o Bayern), Copa do Mundo com a seleção da Alemanha Ocidental. Ele também foi eleito duas vezes o "Jogador Europeu do Ano"/Bola de Ouro.

2 Livre para passear
Beckenbauer é considerado o primeiro varredor livre do jogo, um papel que ele interpretou como nenhum outro jogador fez antes ou depois. Incomparável em seu sentido posicional, determinação e classe.

3 A nação a seus pés
Simbolizando a vontade de ferro de uma nação inteira, em 1998 *Kaiser* Franz é nomeado o "Jogador Alemão do Século".

4 PASSES PARA UMA FAMA DURADOURA

PEQUENO GÊNIO

Sua mente brilhante para o futebol não foi coincidência. Seus excelentes boletins escolares são testemunhos disso.

FRANZ & FRANZ

Depois de posar para uma foto ao lado de uma estátua do imperador Franz I da Áustria, o apelido de "Kaiser" pegou. O ano era 1968; o local, Berlim.

BECKENBAUER NA BIG APPLE

Quando não havia mais nada para conquistar, em 1977 ele assinou um contrato de um milhão de dólares com o New York Cosmos, jogando ao lado da lenda do futebol, Pelé.

VITÓRIA EM SUAS VEIAS

Depois de pendurar as chuteiras, Franz triunfou como treinador de equipe. Ele treinou o time alemão que venceu a Copa do Mundo de 1990, levando o Bayern de Munique à dobradinha da Bundesliga e da Copa da UEFA em 1996.

BRASIL

NEYMAR
Homem de sorte

NOME:
Neymar da Silva Santos Júnior

APELIDO:
O Ney, Menino Ney, Príncipe do Gol, NeyMonstro, Neymito, Cai-Cai, Adulto Ney, Neymaradona

DATA DE NASCIMENTO:
05 de fevereiro de 1992

LOCAL DE NASCIMENTO:
Mogi das Cruzes, São Paulo

CARACTERÍSTICAS DISTINTAS:
Atacante com magia em ambos os pés.

SEUS CLUBES:
Santos, Barcelona, Paris Saint-Germain

ATACANTE

10

- Duas polegadas abaixo e você nunca mais teria andado.

Talvez seja o efeito do remédio. As palavras do médico parecem vir de muito longe. O joelho de Zúñiga nas minhas costas foi tão violento que quebrou a terceira vértebra. O sonho da Copa do Mundo que tenho desde a infância acaba aqui, na partida contra a Colômbia. E essa Copa do Mundo era a grande chance para mim. Estávamos aqui no Brasil, jogando na frente do nosso povo, em casa. Tudo termina sem aviso prévio e você não pode apelar. Por isso me dá vontade de rir quando o médico acrescenta:

- Você realmente tem muita sorte, sabe.

Viro-me para olhar meu pai, que acaba de chegar de emergência em Fortaleza. Só agora começo a perceber o que o médico quer dizer. Pelos olhos do meu pai eu me vejo como um bebê, com apenas 4 meses de idade. Um carro acabou de colidir com o nosso, e sou jogado debaixo do banco. Um pedaço de vidro se incrustou na minha testa. Dois centímetros mais para baixo e teria me matado. Minha mão adulta agora procura a dele, e eu a seguro pela preciosa vida. Os fãs me chamam de "O Ney" porque soa como "O Rei". É assim que chamamos o Pelé aqui no Brasil. Pelé, o maior jogador da história, uma lenda do futebol. Mas você não precisa ser uma lenda do futebol para fazer isso. Alguns centímetros podem ser suficientes.

40

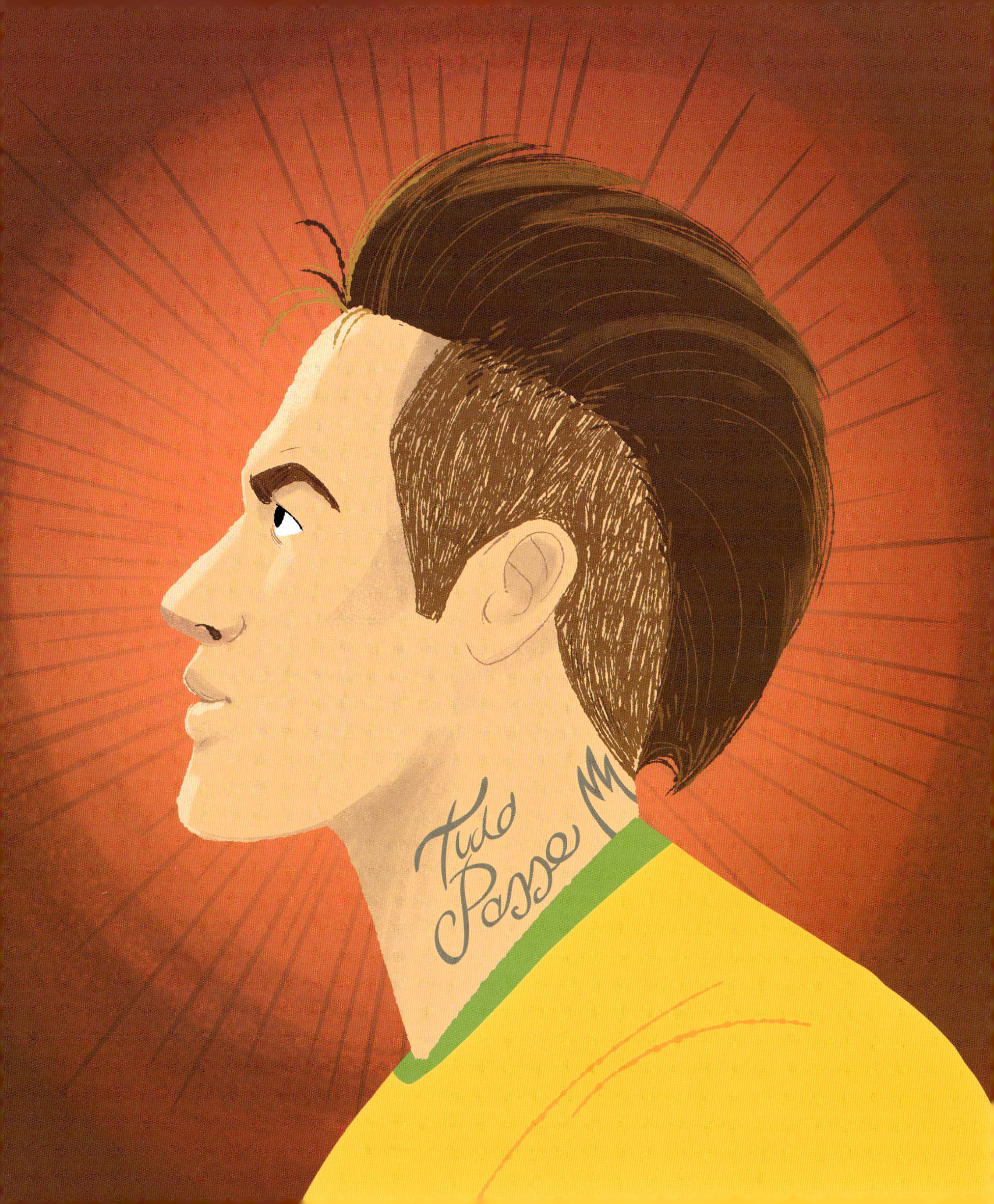
Tudo
Passa

NEYMAR

Fenomenal... em todas as áreas!

1. A diferença que não faz diferença

Sua imensa classe significa que ele pode jogar com os dois pés sem a menor diferença. E, no entanto, suas chuteiras escondem um segredo bizarro: seu pé esquerdo é um centímetro mais curto que o direito!

2. O sangue fala mais alto

Um vínculo estreito de afeto une Neymar a sua irmã Rafaella. Para tornar esse vínculo "indelével" eles decidiram ter uma parte do corpo do outro retratado em sua pele. Ele teve o rosto da irmã tatuado no ombro e ela teve os olhos de seu irmão tatuados em seu antebraço.

3. Lixo recuperado

Ao lado da casa onde cresceu havia um depósito de lixo. É lá que Neymar construiu um centro esportivo, o Projeto Instituto Neymar Jr. O centro oferece a crianças de famílias pobres a oportunidade de estudar e praticar esportes.

4. Aplausos, aplausos!

As mudanças de ritmo e dinâmica de Neymar em campo revelam seu... talento musical. Ele participou de apresentações ao vivo de "Balada", com Gusttavo Lima e "Ai se eu te pego!", com Michel Teló.

5. E o show continua...

Além do estádio de futebol, Neymar também é uma estrela do palco, da tela e da televisão. Ele atuou em séries de TV, novelas e filmes. Em "xXx - Reativado" ele fez o papel de... ele mesmo. Mas o maior elogio foi uma aparição em "Os Simpsons".

NÚMEROS QUE DIZEM TUDO

PRODÍGIO

Aos 25 anos de idade, Neymar já havia marcado mais de 300 gols. Ele conseguiu esse feito em pouco mais de 500 jogos por clubes (Santos e Barcelona), pela seleção brasileira de juniores e pela seleção de sêniores. Essas estatísticas são notáveis, considerando que Messi e Cristiano Ronaldo na mesma idade não chegaram nem perto de 300.

SAMBA!

28 de novembro de 2018. Neymar marca pelo Paris Saint-Germain contra o Liverpool, tornando-se o artilheiro brasileiro mais prolífico da história da Liga dos Campeões. Com este, seu 31º gol, bateu o recorde de Ricardo Kaká, cuja estrela brilhou mais forte com o Milan. O colega brasileiro de Neymar fechou a conta com 30 gols.

4 PASSES PARA UMA FAMA DURADOURA

TUDO COMEÇOU COM O FUTSAL

Ironicamente, ele primeiro chutou uma bola de futebol em uma quadra de basquete. Isso porque Neymar aprendeu a controlar a bola em espaços apertados jogando... futsal.

REVISTA TIME

Com apenas 20 anos de idade, ele apareceu na capa da revista TIME, distinção reservada às pessoas mais influentes do mundo. Nem mesmo o brasileiro Pelé gostou dessa homenagem.

RÁPIDO NO GATILHO!

Nos Jogos Olímpicos de 2016 no Rio, ele precisou de apenas 14 segundos para abrir o placar. Honduras foi a vítima de seu tiro certeiro. Esse gol ficou para a história como o mais rápido já marcado nas Olimpíadas.

PROPRIEDADE QUENTE

Em agosto de 2017, o Paris Saint-Germain pagou 222 milhões de euros ao Barcelona para liberar Neymar de seu contrato. Foi a transferência mais cara da história do futebol.

NORUEGA

ERLING BRAUT HAALAND
Um sorriso faz toda a diferença

NOME:
Erling Braut Haaland

APELIDO:
Daemon, O Exterminador

DATA DE NASCIMENTO:
21 de julho de 2000

LOCAL DE NASCIMENTO:
Leeds, Inglaterra

CARACTERÍSTICAS DISTINTAS:
Força, resistência, velocidade e potência

SEUS CLUBES:
Bryne, Molde, Red Bull Salzburg, Borussia Dortmund, Manchester City

ATACANTE

9

"Tão forte quanto um urso, rápido como um cavalo." Foi assim que um jornalista esportivo me descreveu, e eu não consigo parar de rir quando penso nisso. Da minha parte, posso lhe dizer que luto com todas as minhas forças, dou tudo de mim por cada bola e definitivamente não sou do tipo que recua quando o jogo fica difícil! E, acima de tudo, me divirto! Talvez isso seja a coisa mais importante, porque encaro cada partida com um sorriso no rosto! Sei que sou muito jovem e que ainda haverá muitos desafios pela frente, mas também sei que o desejo de me divertir e nunca parar de provar a mim mesmo estará sempre presente. Desculpe-me, agora tenho que entrar em campo para marcar alguns gols e alegrar meus fãs!

1. Quase um gol por partida
Apesar da pouca idade, Haaland possui um impressionante recorde que já o estabeleceu como um dos maiores campeões do futebol: no geral, ele marcou 206 gols em 246 partidas. E o número de gols certamente aumentará, quanto a isso, não há dúvidas!

2. Garoto da Inglaterra
Ao chegar na Inglaterra para vestir a camisa do Manchester City, Haaland imediatamente conquistou os corações dos fãs ao marcar gol em cada partida e deslumbrar a plateia no clássico contra o Manchester United, onde fez um *hat-trick*.

3. Números impressionantes
Em sua estreia na Liga dos Campeões, no jogo entre Salzburg e Genk, ele marcou um *hat-trick* no primeiro tempo, aos 19 anos, tornando-se o jogador mais jovem, depois de Wayne Rooney, a realizar essa incrível façanha.

4 PASSOS PARA A FAMA DURADOURA

UM "PEQUENO RECORDE"

Haaland estabeleceu o recorde mundial de salto em distância na posição ereta em sua categoria de idade (ele tinha 5 anos na época): o futuro campeão saltou 1,63 metro e desde então ninguém conseguiu superá-lo.

RELÂMPAGO IMPRESSIONANTE

Apesar do físico imponente - 1,94 m de altura e 87 kg - sua velocidade é surpreendente, e seus reflexos, incomparáveis, duas características que o tornam... imbatível!

EM DESTAQUE

Na Copa do Mundo Sub-20, Haaland, aos 19 anos, se destacou marcando nove gols contra Honduras.

ESTREIA SENSACIONAL

Em sua estreia na Premier League, Haaland marcou dois gols e pouco depois foi eleito Jogador do Mês.

ARGENTINA

Diego Armando Maradona
Um coração pulsante

NOME:
Diego Armando Maradona

APELIDO:
Dieguito, El Pibe de Oro, El Diez, Pelusa, Barrilete Cósmico, El Diego, D10S

DATA DE NASCIMENTO-MORTE:
30 de outubro de 1960 – 25 de novembro de 2020

LOCAL DE NASCIMENTO:
Lanús, Argentina

CARACTERÍSTICAS DISTINTAS:
Número 10 por excelência com um pé esquerdo mágico.

SEUS CLUBES:
Argentinos Juniors, Boca Juniors, Barcelona, Napoli, Sevilha, Newell's Old Boys

ATACANTE

10

Ok, vou esclarecer. Fiz do meu jeito... o tempo todo, e esse foi o meu grande vício. É como se meu cérebro funcionasse ao contrário. Alguém me diz para fazer algo e eu quero fazer exatamente o oposto. Aconteceu comigo novamente há alguns meses. O presidente do meu clube, o Napoli, nos recusou permissão para jogar uma partida beneficente para arrecadar dinheiro para uma criança que precisava de uma operação. Ele temia que alguém pudesse se machucar, dado o estado do campo, cheio de poças, acidentado, na periferia da cidade. *"Quer o presidente goste ou não"*, pensei comigo mesmo, *"o jogo segue em frente"*. Foi exatamente o que aconteceu, e aqui estou eu correndo na lama, mas com alegria no coração. Porque futebol, se é sobre alguma coisa, é sobre o amor. O mesmo sentimento avassalador que quase me assustou no ano passado, quando disse olá aos meus novos fãs no Estádio San Paolo, em Nápoles. Mais de 60.000 deles ficaram em pé, gritando meu nome. E hoje, fazendo o que meu coração manda, arriscando meu pescoço por aquele garoto doente, não me arrependo de retribuir esse amor.

46

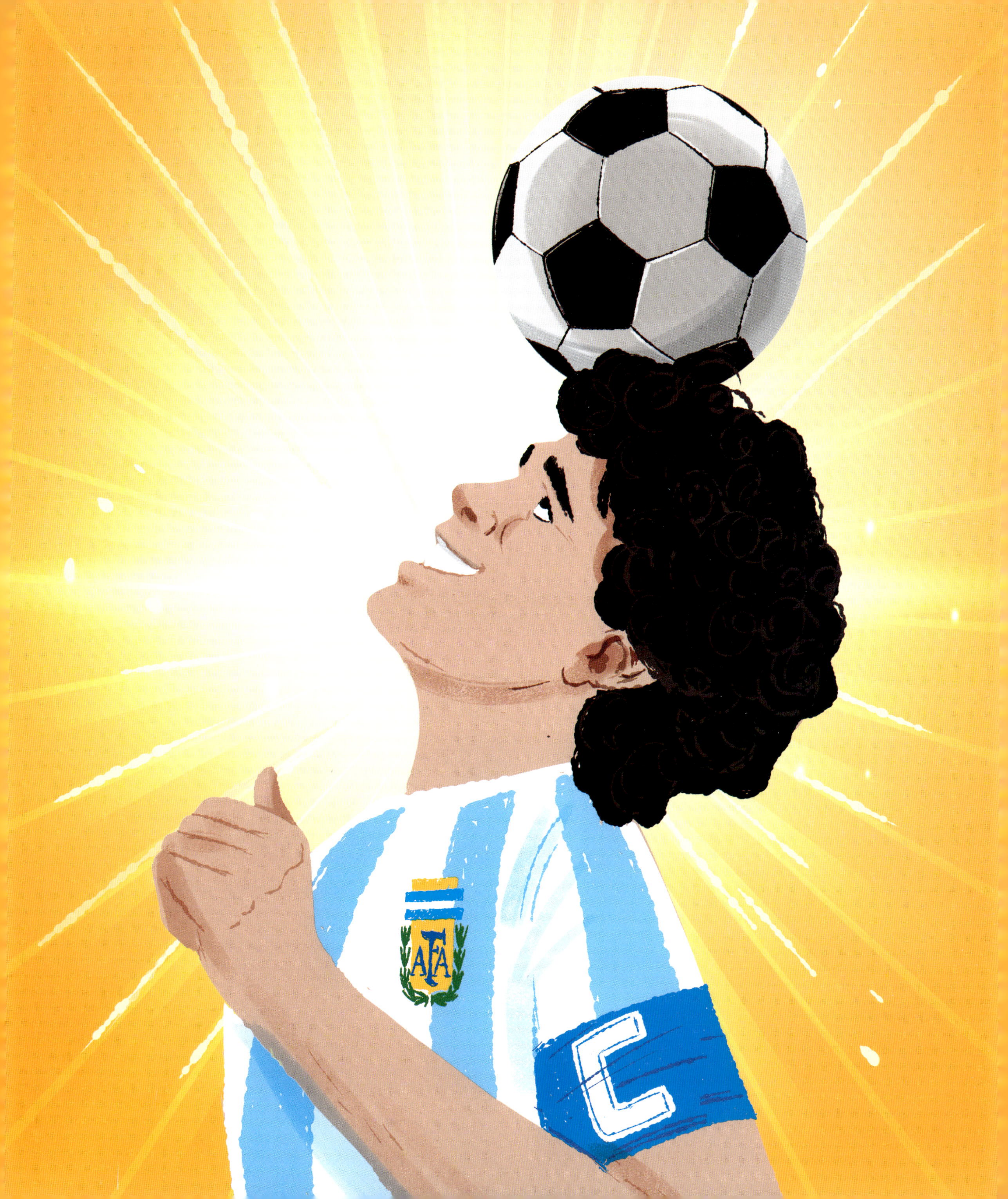

MARADONA
Fenomenal... em todas as áreas!

1. O gol que faz o estádio Asteca entrar em erupção!

Apenas um homem consegue marcar o "gol do século". Diego Armando faz o milagre contra a Inglaterra nas quartas de final da Copa do Mundo de 1986. Ele recupera a bola no seu próprio campo, deixa 3 homens em pé, corre 50 metros, desvia e derruba 5 defensores, incluindo o goleiro Shilton, antes de encontrar a rede. Alvoroço geral!

2. Controle de bola prodigioso

No aquecimento para a semifinal da Copa da UEFA de 1989 entre Bayern de Munique e Nápoles, ele faz malabarismos com a bola enquanto "Live is life" pulsa no sistema de alto-falantes. A maior demonstração de classe e coragem jamais testemunhada.

3. Culto de adoração

Em 1998, os fãs argentinos fundaram a "Igreja de Maradona", instituindo uma nova era que começa desde o seu nascimento, o ano 2.000 d.C. torna-se assim 40 d.D. (depois de Diego).

4. Hinos de louvor

Inúmeros artistas dedicam uma música ao seu ídolo. De "Santa Maradona" de Mano Negra a "La vida tombola" de Manu Chao, de "La mano de Dios" de Rodrigo Bueno a "Tango della buena suerte" de Pino Daniele.

5. Há números e... números

Campeonato Italiano, 1989/90, Nápoles Vs. Fiorentina. Entrando no segundo tempo, pela primeira e única vez na carreira, Diego não usa o número 10 nas costas, mas o número 16. Nada muda. O Nápoles, hipnotizado com sua presença, volta a vencer por 3x2.

NÚMEROS QUE DIZEM TUDO

IMPREVISÍVEL

Considerado o maior jogador argentino da história, Maradona disputou 4 Copas do Mundo, levando a seleção à vitória em 1986 e marcando um total de 34 gols em 91 jogos. Em 1989, ele levou o Napoli à vitória na primeira Taça UEFA.

RIVAIS E LENDÁRIOS

Junto com seu arquirrival Pelé, Maradona recebeu o prêmio oficial da FIFA de "Melhor Jogador do Século 20". Ele também ganhou o título de melhor jogador argentino de todos os tempos e foi selecionado para o FIFA Dream Team, com mais votos do que a lenda brasileira.

4 PASSES PARA UMA FAMA DURADOURA

MINHA, TODA MINHA

Sua primeira bola de futebol foi um presente do tio, recebido aos 2 anos de idade. Ele a adorava tanto que ia dormir à noite abraçado com ela.

O SABOR DO SUCESSO

Com seu primeiro time, o Argentinos Juniors, Maradona provou o sucesso em 150 jogos sem perder uma única partida. Contra o *River Plate*, mostrou os primeiros sinais de grandeza ao driblar sete adversários antes de fazer o gol.

POR BEM OU POR MAL... CONTAM TODOS

Ele estava tão empenhado em marcar um gol contra os ingleses que, nas quartas de final da Copa do Mundo de 1986, no México, fez o primeiro gol... com a mão!

RECONHECIMENTO DE CARREIRA

Durante sua carreira, Maradona ganha vários prêmios, entretanto, preocupações burocráticas o impedem de ganhar a Bola de Ouro, concedida até 1995 apenas a jogadores europeus. O importante é que ele sempre será lembrado como um dos maiores jogadores de futebol de todos os tempos.

BRASIL

RONALDO
Fenômeno

NOME:
Ronaldo Luís Nazário de Lima

APELIDO:
Fenômeno, R9, Ronaldinho

DATA DE NASCIMENTO:
22 de setembro de 1976

LOCAL DE NASCIMENTO:
Rio de Janeiro. Brasil

CARACTERÍSTICAS DISTINTAS:
Conhecido pelas suas arrancadas, dribles e sua capacidade de finalização.

SEUS CLUBES:
Cruzeiro, PSV, Barcelona, Inter, Real Madrid, Milan, Corinthians

ATACANTE

9

– Você está gordo – dizem para mim. E acho a palavra "gordo" um pouco ofensiva. Eles zombam de mim porque ganhei muito peso devido a uma lesão. Antes de me machucar, eu era magro, rápido e mortal na área. Mas eu driblo a maldade deles, deixando tudo para trás, como fiz na Copa do Mundo de 2002 na Coréia e no Japão. Na final, meus dois gols ajudaram o Brasil a levar o troféu para casa! Hoje, reservo esses dois gols para mim e os jogo no final de cada dia. O primeiro, eu uso contra aqueles que acham que não há problema em ofender as outras pessoas. Errado. O segundo, eu uso para me consolar. Porque ninguém (mas ninguém!) realmente entende o quanto a ofensa dói por dentro. E sabe de uma coisa? Antes de eu adormecer à noite, lembro-me de que ainda sou um fenômeno. Ou melhor, "O Fenômeno".

1 Combatendo a pobreza
Desde 2000, Ronaldo é embaixador do Programa das Nações Unidas para o Desenvolvimento (PNUD), cujo objetivo é chamar a atenção do mundo para a crise da pobreza, em particular a pobreza infantil.

2 Centroavante puro-sangue
Visivelmente chocado com o *hat-trick* que Ronaldo marcou contra o Valência, Jorge Valdano, treinador da equipe derrotada, comentou:
– Isto não é um homem, é uma debandada de cavalos.

3 As mais altas honrarias do futebol
Duas vezes premiado com a Bola de Ouro (1997 e 2002), ele também foi três vezes eleito o "Melhor Jogador do Ano da FIFA".

4 PASSES PARA UMA FAMA DURADOURA

DE NÚMERO UM PARA... NÚMERO UM

Depois de sua estreia entre os postes do gol, Ronaldo de repente decide jogar na frente. E é assim que a lenda começa. "O fenômeno".

MEDO DO FRIO

Quando jogou pelo *PSV Eindhoven*, nos campos congelados da Holanda, ele se protegia do frio usando até dez pares de meias de uma só vez!

SENSAÇÃO DE DEZESSETE ANOS

Quando estreou pela Seleção Brasileira contra a Argentina, em 1994, Ronaldo tinha apenas 17 anos de idade.

INACREDITÁVEL

Entre os dribladores mais rápidos de todos os tempos, ele atingiu velocidades máximas de 36 km/h. Em 1996, ele marcou pelo Barcelona contra o Compostela percorrendo 47 metros em 11 segundos e tocando a bola 14 vezes. Bobby Robson, treinador do Barcelona, saiu do banco com as mãos na cabeça, incrédulo.

CROÁCIA

LUKA MODRIĆ
JOGANDO PELA PAZ

NOME:
Luka Modrić

APELIDO:
O Johan Cruyff croata

DATA DE NASCIMENTO:
9 de setembro de 1985

LOCAL DE NASCIMENTO:
Zadar, Croácia

CARACTERÍSTICAS DISTINTAS:
Visionário craque, meio-campista e atirador de bola parada de longa distância.

SEUS CLUBES:
Zrinjski Mostar, Inter Zaprešić, Dinamo Zagreb, Tottenham Hotspur, Real Madrid

MEIO-ATACANTE

Eu empurro a bola para a frente com os pinos, depois a movimento para a direita com a parte externa da minha chuteira e me preparo para cobrar a falta. O gol está a alguma distância, mas geralmente está perto o suficiente para eu ver o canto superior. Eu bato com o pé direito, mesmo que o esquerdo seja tão bom quanto. Quando a bola voa, tudo acontece novamente, como se fosse um sonho. O objetivo se transforma em nosso quarto no *Hotel Kolovare*, em Zadar. Foi onde meus pais e eu nos refugiamos quando estourou a guerra de independência croata. Tenho apenas 7 anos de idade e chutar uma bola é a única maneira de eu controlar o medo. Há apenas um problema: é muito fácil quebrar uma janela... e assim que isso acontece, meu pai aparece. Ele está prestes a me dar uma bronca, quando uma granada explode lá fora.

Há explosões o tempo todo. Então minha mente vagueia de volta ao presente, e o barulho da destruição se transforma em outro tipo de explosão: os fãs soltam um grito de triunfo. Eu marquei um gol. A bola encontrou seu caminho para o canto superior da trave. O estádio explode em aplausos e risos, e um adversário me olha com admiração. "*Obrigado*", penso, sem dizer nada. "*Obrigado futebol, por trazer paz à minha vida*".

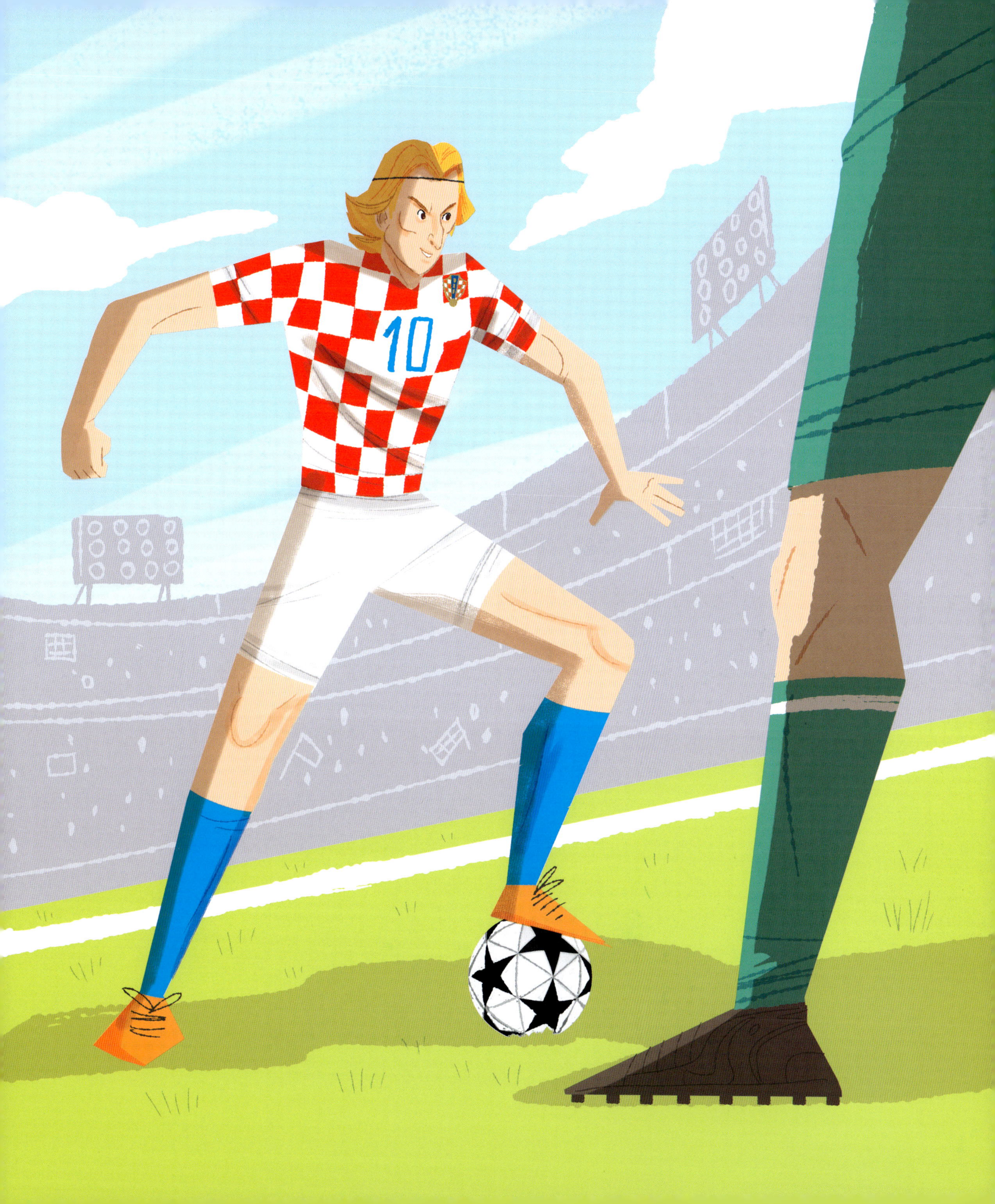
10

MODRIĆ

Fenomenal... em todas as áreas!

1. Alteza Real
Mais forte até do que as leis da natureza. Quando Luka era um rapaz, os treinadores o julgavam muito tímido e fraco para jogar futebol. Além disso, faltava-lhe altura. Hoje em dia os defensores têm dificuldade em fazê-lo parar.

2. A promessa, o sonho
Seu único objetivo? Tornar-se o maior. Isso é bem conhecido na Croácia, onde em 2004 ele ganhou o "Prêmio Jovem Esperança do Futebol Croata", e onde é comparado a um dos maiores meio-campistas de todos os tempos, Johan Cruyff.

3. Um bem inestimável
Bem, na verdade, havia um preço. Quando Luka Modrić se mudou do Dynamo Zagreb para o Tottenham Hotspur, sua taxa de transferência de 21 milhões de euros foi o preço mais alto já pago pelo clube londrino e a maior quantia já recebida pelo clube croata.

4. Lar é onde o seu coração está
Quando lhe perguntam por que ele construiu uma casa em Zardar muito menor do que as de outros jogadores de futebol, ele responde: "O que eu faria com todos os quartos que não uso?". Felicidade para Luka é estar com sua família.

5. Honra em casa e no exterior
Em 2018, o presidente da República da Croácia o homenageia com o título de "Cavaleiro da Ordem do Duque de Branimir", reconhecimento conferido a quem contribui para a unidade nacional e para o prestígio da República no exterior.

NÚMEROS QUE DIZEM TUDO

Cavaleiro branco
Quatro vezes vencedor da Liga dos Campeões (2014, 2016, 2017 e 2018), sempre com o uniforme branco do Real Madrid. Nas últimas três ocasiões, seu técnico de equipe foi Zinedine Zidane, antigo gênio do meio-campo da seleção francesa. Zizou sabia exatamente como tirar o melhor de Luka.

Intermezzo de ouro
2018 foi o ano em que Modrić entrou para o Panteão do futebol mundial. Depois de liderar sua seleção na final da Copa do Mundo, ele foi eleito o Bola de Ouro. Ao fazê-lo, ele quebrou o domínio incontestável de dez anos do prêmio por Cristiano Ronaldo e Leonel Messi.

4 PASSES PARA UMA FAMA DURADOURA

EM MEMÓRIA DE SEU AVÔ
Os pais de Luka deram ao filho o mesmo nome do avô do menino. Ele morava na casa da família em Modrici, mas foi tragicamente morto na Guerra da Croácia.

COMEÇO HUMILDE PARA UM GRANDE TALENTO!
Quando criança, Luka brincava com caneleiras que seu pai esculpia em madeira, pois não tinha condições de comprá-las em uma loja. Durante anos, Luka usou chuteiras que foram recuperadas das lixeiras.

LUKA PROVA QUE ELES ESTÃO ERRADOS
Seu sonho era jogar no Hajduk Split, mas ele não conseguiu passar pelo teste porque o acharam muito baixo. Não demorou muito para Luka conseguir o que queria, ou seja, jogar futebol.

PROPRIEDADE QUENTE
Quando foi adquirido pelo Dínamo Zagreb, o clube cuidou totalmente dele, pagando também a conta de seus estudos escolares.

BRASIL

RONALDINHO
O campeão sorridente

NOME:
Ronaldo de Assis Moreira

APELIDO:
Ronaldinho Gaúcho

DATA DE NASCIMENTO:
21 de março de 1980

LOCAL DE NASCIMENTO:
Porto Alegre, Brasil

CARACTERÍSTICAS DISTINTAS:
Habilidades técnicas e capacidade de driblar, excelente em marcar gols, fornecer assistências e cobrar faltas.

SEUS CLUBES:
Grêmio, Paris Saint-Germain, Barcelona, Milan, Flamengo, Atlético Mineiro, Querétaro, Fluminense

MEIA-ATACANTE
10

Direita, esquerda, para frente, para trás, de lado e para frente novamente. Eu toco a bola com o meu pé direito, movo-a para o meu pé esquerdo e, em seguida, com uma finta de corpo, passo pelo adversário que tenta me marcar. Coitado, ele simplesmente não consegue acreditar que não conseguiu roubar a bola de mim: ela permanece grudada em meus pés e, juntinhos, nos tornamos um só. Uma finta, outra, e ouço o barulho das arquibancadas: adoro me divertir quando jogo e entreter a multidão. Sempre estou focado quando entro em campo, é claro, mas é como se eu estivesse em uma grande festa onde cada um de nós pode dançar com a bola e realizar movimentos incríveis que arrancam aplausos e sorrisos. Estou sempre de bom humor quando jogo, e isso nunca vai mudar!

1. Gol de Ronaldinho (novamente!)
Em 1993, o jovem jogador se destacou com uma atuação incrível jogando futsal (futebol com 5 jogadores, geralmente jogado em ambientes fechados) pelo Grêmio: ele marcou incríveis 23 gols em uma única partida!

2. Ronaldinho
O motivo de seu apelido (Ronaldinho) é que, desde o início, ele sempre foi o jogador mais baixo da equipe. Além disso, em sua estreia na seleção brasileira, já havia outro jogador com o mesmo nome: Ronaldo, "O Fenômeno".

3. Um recorde... nas redes sociais
O comercial em que ele acerta a trave do gol quatro vezes seguidas sem a bola tocar no chão foi o primeiro vídeo a alcançar 1 milhão de visualizações no YouTube!

4 PASSOS PARA A FAMA DURADOURA

AMADO POR TODOS

Ele é o segundo jogador, após o lendário Diego Armando Maradona, a receber uma ovação de pé da torcida do Real Madrid... o histórico rival do Barcelona!

TUDO EM... POUCO TEMPO!

Ele foi escolhido como Melhor Jogador do Mundo pela FIFA duas vezes, ganhou a Bola de Ouro, dois campeonatos espanhóis e uma Liga dos Campeões. E tudo isso em apenas duas temporadas!

FAZENDO HISTÓRIA

Ele disputou impressionantes 97 partidas com a camisa verde e amarela, marcando 33 gols e se tornando um dos dez principais artilheiros brasileiros de todos os tempos.

OS TRÊS R'S

Junto com Ronaldo e Rivaldo, Ronaldinho fez parte da incrível unidade de ataque da seleção brasileira, apelidada de "Os Três R's". Eles venceram tanto a Copa América (1999) quanto a Copa do Mundo (2002).

FRANÇA

KYLIAN MBAPPÉ
Um sonho de alçar voo

NOME:
Kylian Mbappé Lottin

APELIDO:
Donatello, Mbébé

DATA DE NASCIMENTO:
20 de dezembro de 1998

LOCAL DE NASCIMENTO:
Bondy, France

CARACTERÍSTICAS DISTINTAS:
Mistura explosiva de velocidade e habilidades de drible.

SEUS CLUBES:
Monaco, Paris Saint-Germain

ATACANTE

10

Quando criança, eu tinha esse pesadelo recorrente: estávamos enfileirados contra monstros que prontamente me perseguiam por todo o campo. Eu tinha tanto medo de que eles me pegassem que me recusava a tocar na bola. Então este homem sem rosto aparecia, dizendo:
— Nunca fuja, apenas fixe seus olhos no seu alvo e... vá em frente! É isso que faz a diferença.
Doze minutos de jogo contra a Argentina na Copa do Mundo de 2018 e eu entendo, pela primeira vez, exatamente o que ele quis dizer. Eu pego uma bola solta cerca de vinte e cinco metros no nosso meio-campo e começo a correr em direção ao gol deles. Exceto que eu não corro do jeito que eu costumo fazer. Eu corro como um relâmpago, deixando dois, depois três oponentes em pé. Então o que eu faço (e não me pergunte por que), cutuco a bola na área, encontro uma mudança repentina de velocidade, e Rojo me derruba na área. Pênalti! A França vence por 4x3, eu marco dois gols e nós vencemos o torneio. Mas o que nunca vou me esquecer é a sensação de correr como o vento. Isso e, claro, as palavras do homem sem rosto. Ele estava certo. Para alçar voo, não pense naqueles que tentam impedi-lo. Pense aonde você quer chegar. Não olhe para trás. Fixe os olhos no futuro.

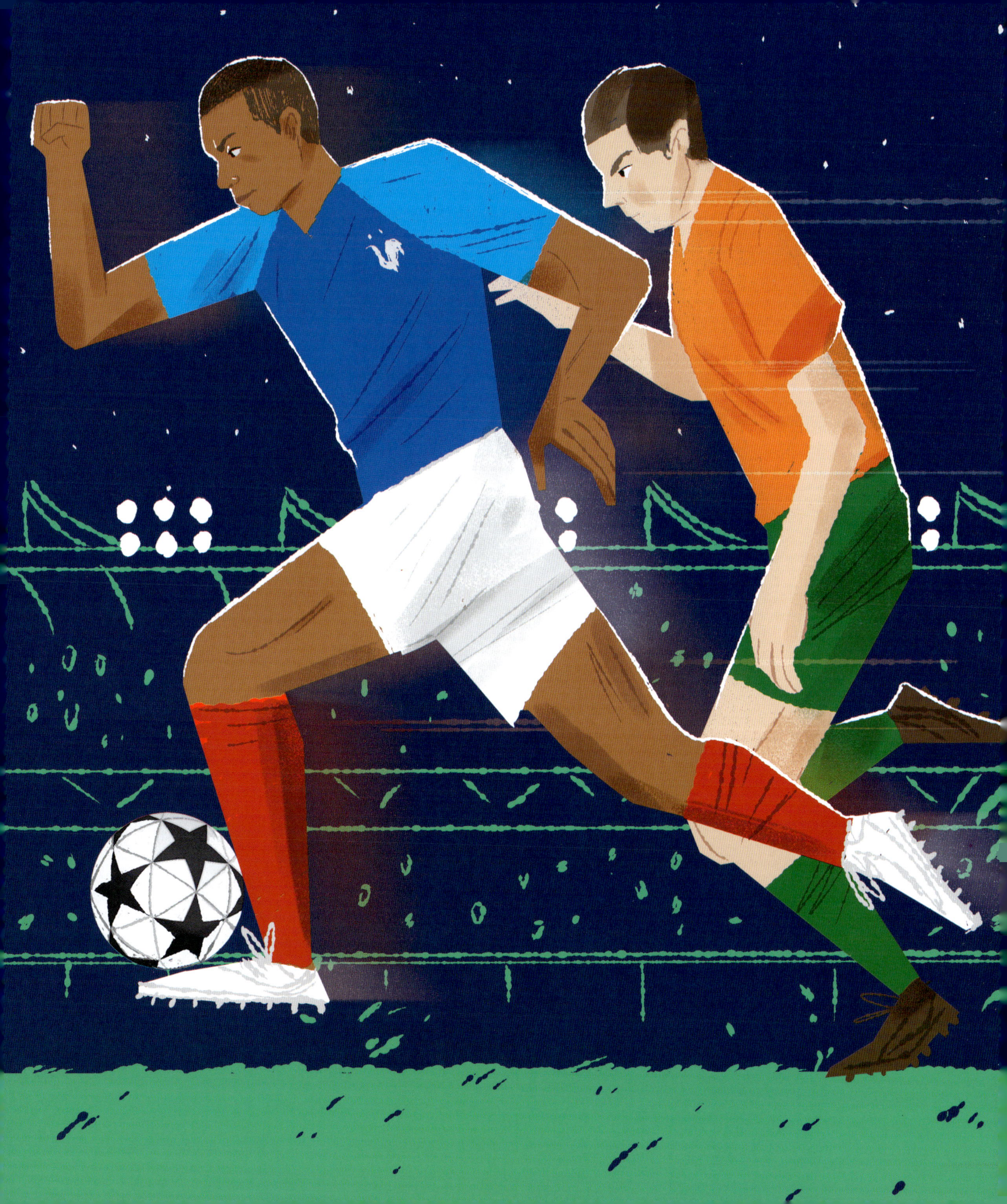

MBAPPÉ
Fenomenal... em todas as áreas!

1. Fazendo o que Henry fez
Dotado precocemente, em 2015, com apenas 16 anos de idade, ele se torna o jogador mais jovem do Mônaco a estrear na *Ligue 1*. Em fevereiro do ano seguinte, ele bate o recorde estabelecido por Thierry Henry como o artilheiro mais jovem do clube.

2. Assunto de família
O esporte corre nas veias da família Mbappé. O pai, Wilfried, treina futebol, a mãe, Fayza, é ex-jogadora de handebol e o irmão adotivo, Jirès Kembo Ekoko, joga no ataque pelo clube turco Bursaspor.

3. Pagando a conta
A gente nunca deve se esquecer de onde vem. Por isso, em 2018, Kylian leva o escudo conquistado com o Paris Saint-Germain para o clube com o qual começou no Bondy. A propósito, todos os anos ele paga a conta da cantina dos jovens jogadores.

4. Desculpe-me, mas esse nome é meu!
Existe apenas um Mbappé, ou não? Em Roissy-en-Brie há um certo jogador chamado Kylian Mbappé Ndoumbe Yaba, nascido nove anos depois do "verdadeiro" Mbappé. É apenas o caso de dois jogadores com o mesmo nome, porém, o Paris Saint-Germain está de olho nele. Nunca se sabe, né!

5. Craque com ritmo
Rápido como o vento. Nas eliminatórias da Copa do Mundo de 2018 contra a Argentina, durante a corrida que levou ao pênalti para a França, Kylian atingiu a velocidade máxima de 38 km/h, percorrendo 53 metros em 7 segundos.

NÚMEROS QUE DIZEM TUDO

Soletrando o futuro: M-B-A-P...

Seu nome significa "o futuro". Em apenas alguns anos desde que se tornou profissional, ele já foi eleito "Menino de Ouro Europeu" (2017) e "Melhor Jogador Jovem na Copa do Mundo de 2018". No mesmo ano, ele também recebeu o Troféu Kopa de "Melhor Jogador Sub-21 do Mundo".

Troféus em abundância

Você conhece um herói por suas medalhas. Kylian já venceu: 4 Campeonatos Franceses (Mônaco, 2017, Paris Saint-Germain, 2018, 2019 e 2020), 2 Taças da Liga Francesa (Paris Saint-Germain, 2018 e 2020), 3 Copas da França (Paris Saint-Germain, 2018, 2020 e 2021) e 3 Supertaças da França (Paris Saint-Germain, 2018, 2019 e 2020).

4 PASSES PARA UMA FAMA DURADOURA

Fazendo as escolhas certas

Os primeiros dias no Mônaco não foram fáceis para Mbappé, porque o treinador da equipe, Bruno Irles, o manteve fora dos onze primeiros dias. O que aconteceu depois? Demitiram o treinador.

É para isso que servem os amigos

Seus amigos começaram a chamá-lo de Donatello porque diziam que ele parecia uma das Tartarugas Ninja. Na INF Soccer Academy Clairefontaine, seus companheiros de equipe começaram a chamá-lo de Mbébé por causa de sua cara de bebê.

Juventude de ouro

Com apenas 20 anos de idade, Mbappé foi adquirido pelo Paris Saint-Germain por 145 milhões de euros mais um bônus de 35 milhões de euros. Isso o torna a contratação mais cara do clube... exceto, é claro, pela de Neymar.

Fantasia adolescente: ele fixou os olhos nisso

Com os dois gols que marcou contra a Croácia na final da Copa do Mundo de 2018, ele se tornou o único jogador adolescente a conseguir um feito alcançado 60 anos antes por Pelé.

MÉXICO

HUGO SÁNCHEZ
Profissional completo

NOME: Hugo Sánchez Márquez

APELIDO: Hugol

DATA DE NASCIMENTO: 11 de julho de 1958

LOCAL DE NASCIMENTO: Cidade do México, México

CARACTERÍSTICAS DISTINTAS: Atacante central de classe e carisma. Mago do chute de bicicleta, chutes aéreos e efeitos de um toque.

SEUS CLUBES: Pumas UNAM, San Diego Sockers, Atlético Madrid, Real Madrid, América, Rayo Vallecano, Atlante, LASK Linz, Dallas, Atlético Celaya

ATACANTE 9

Não se surpreenda se lhe disserem que sou o dentista mais famoso do México. Pouca gente sabe que eu me formei na faculdade, entre um treino e outro, aos 23 anos de idade. Sempre achei que estudar é uma obrigação na vida. E aprender tudo sobre os dentes me ensinou como dar mais... mordidas no meu jogo... torná-lo mais... incisivo! Perdoe-me os trocadilhos! Eu adorava fazer coisas espetaculares como chutes para o alto, saltos para trás, cambalhotas. Mas meu ponto forte sempre foi a precisão "cirúrgica". Quando eu estava no Real Madrid, na temporada 1989/90, todos os meus 38 gols foram chutes e toques de primeira. Mas isso não é tudo. Se o esporte me ensinou a cuidar do meu corpo e a atingir meus objetivos, a atingi-los, de verdade, me tornar doutor ensinou-me a importância de cuidar dos outros. "*Jogue duro, estude muito*" essa tem sido a minha filosofia.

1 Acrobacia
Ele foi um dos primeiros jogadores a criar espetáculo não apenas com suas habilidades com a bola, mas também com a maneira como comemorava ao colocar a bola na rede. Suas cambalhotas e piruetas eram uma homenagem à sua irmã, uma ginasta talentosa.

2 De Hugo a Hugol
Quando jovem, Hugo prometeu ao pai que se tornaria um dos melhores jogadores que o México já produzira. Ele manteve sua promessa.

3 Cinco vezes afortunado
Sanchéz ganhou o Troféu Pichichi nada mais nada menos que cinco vezes, concedido ao artilheiro da temporada no campeonato espanhol. Ele somou 142 gols.

4 PASSES PARA UMA FAMA DURADOURA

APAIXONANDO-SE

Ele assinou seu primeiro contrato profissional aos 18 anos de idade, com o clube mexicano UNAM. Em 5 anos ele marcou 99 gols.

ELE CONHECE MADRI COMO A PALMA DE SUA MÃO

Ele jogou pelos três clubes mais importantes de Madri: Atlético Madrid, Rayo Vallecano e Real Madrid, onde conquistou cinco campeonatos e duas Taças UEFA.

SE A CHUTEIRA SERVE... E SERVIU!

Com seus 38 gols, em 1990 Sanchéz foi agraciado com a "Chuteira de Ouro", como o artilheiro mais prolífico do futebol europeu, honra que partilhou com o atacante búlgaro Hristo Stoičkov.

DE VOLTA PARA ONDE TUDO COMEÇOU

Depois de pendurar as chuteiras, mas incapaz de se despedir completamente do futebol, ele encenou um retorno como treinador. Em sua nova função, ele ganhou dois Campeonatos Mexicanos com o Pumas UNAM, equipe com a qual fez sua estreia profissional.

UCRÂNIA

Andriy Shevchenko
Nunca se renda

NOME:
Andriy Mykolayovych Shevchenko

APELIDO:
Sheva

DATA DE NASCIMENTO:
29 de setembro de 1976

LOCAL DE NASCIMENTO:
Dvirkivshchyna, Ucrânia

CARACTERÍSTICAS DISTINTIVAS:
Atacante letal com uma incrível habilidade de encontrar as redes

SEUS CLUBES:
Dynamo Kyiv, Milan, Chelsea

ATACANTE

7

Nunca desista, nem por um segundo: sempre há tempo para reverter as situações, para conquistar uma vitória inesperada, para encontrar alegria em uma solução difícil de ser alcançada que muda tudo! Esse é um pensamento que me acompanha desde sempre.

Dizem que sou teimoso e nunca desisto, mas a vida me ensinou que acreditar em suas próprias habilidades, mesmo quando confrontado com obstáculos e desafios que parecem insuperáveis, sempre compensa. Por esse motivo, com trabalho árduo e melhorando a cada dia, enfrentei todos os desafios que o futebol, e a vida, lançaram no meu caminho. Não foi fácil, admito, mas a recompensa e a felicidade que conheci são algo bastante único. E te digo mais: toda vez que meus companheiros de equipe e eu éramos vistos como improváveis de vencer uma partida ou deveríamos simplesmente aceitar a derrota, nos esforçávamos ao máximo para contrariar as probabilidades e surpreendíamos a todos, sempre permanecendo unidos, focados e determinados! Nunca deixei de sorrir, mesmo nos momentos mais tristes, pois sempre soube que para cada derrota haveria o dobro de vitórias!

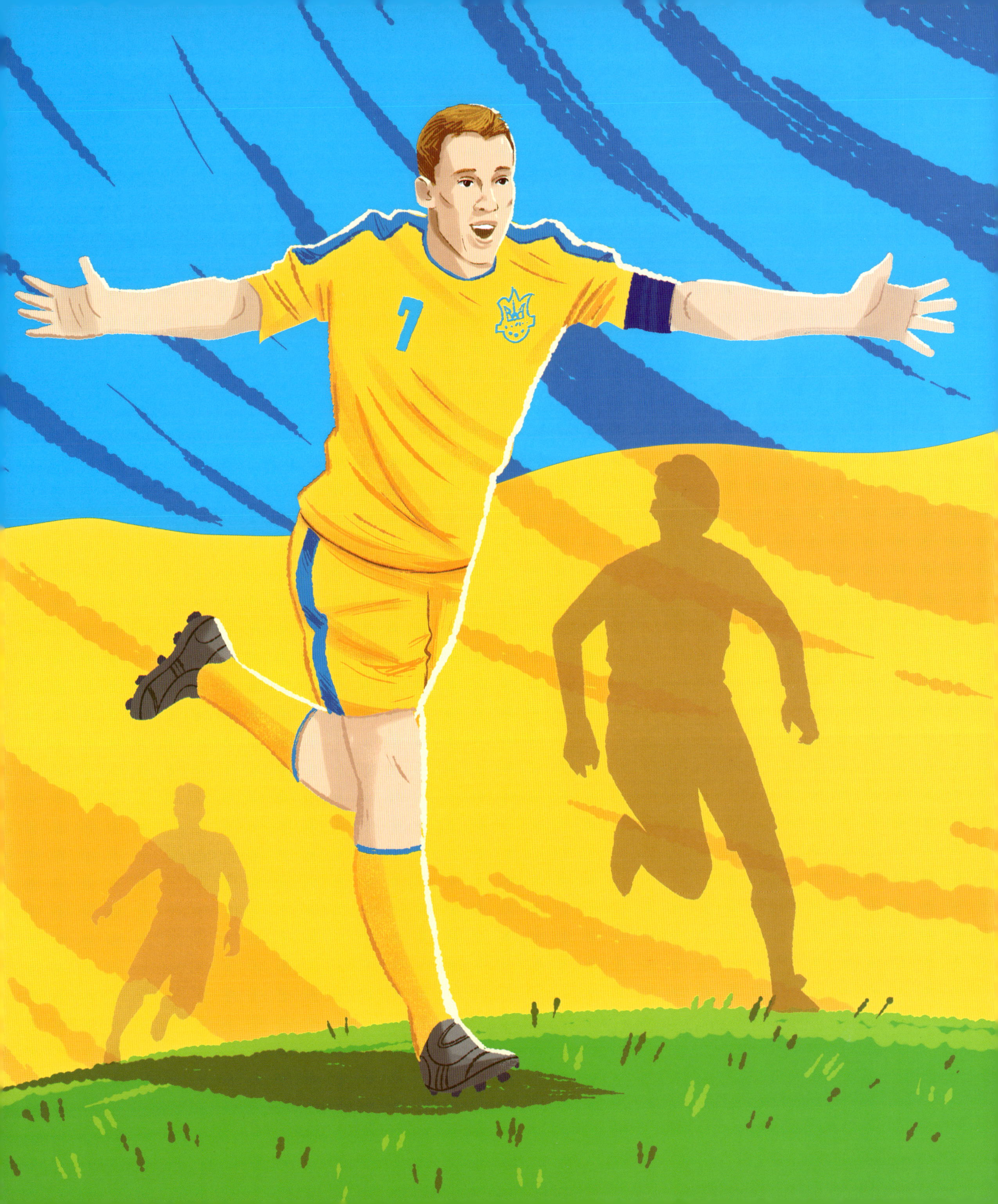
7

Shevchenko
Fenomenal... em todas as áreas!

1. Uma quantidade enorme de títulos e troféus

Ao longo de sua carreira, Sheva conquistou muitos títulos em equipe, incluindo treze taças, entre elas a prestigiada Liga dos Campeões em 2003, enquanto jogava pelo Milan, e seis campeonatos nacionais (um com o Milan e cinco consecutivos com o Dynamo Kyiv).

2. Viver e aprender

Com apenas dez anos de idade, durante um teste para uma escola de esportes importante em Kiev, Sheva não passou em um teste de dribles e não foi selecionado. No entanto, foi notado por um olheiro do Dynamo Kyiv enquanto jogava um torneio juvenil e assim foi levado para o clube. Assim começou sua incrível carreira.

3. Um jovem campeão com chuteiras lendárias

No time sub-14 do Dynamo Kyiv, Sheva se destacou durante a Ian Rush Cup - nomeada em homenagem ao lendário jogador de futebol galês - terminando como o artilheiro do evento e recebendo, como prêmio, um par de chuteiras de Rush das mãos do próprio Ian!

4. Um coração solidário

Sheva é embaixador do SOS Children's Villages e fundou também uma organização que apoia crianças órfãs. Desde fevereiro de 2022, ele está ativamente envolvido em protestos pacifistas para encerrar a guerra entre Rússia e Ucrânia.

5. "Quando é que isso fica sério?"

Um ex-companheiro de equipe durante o tempo de Sheva no Milan lembra que, no primeiro dia de treino em equipe, após um treino de duas horas e meia, o campeão ucraniano perguntou: "Ok, quando começam os treinos de verdade?". Seus companheiros de equipe não disseram uma palavra, então ele saiu para treinar sozinho.

NÚMEROS QUE DIZEM TUDO

Pequeno grande diabo

Com um total de 175 gols na camisa preta e vermelha, ele é considerado o segundo atacante mais prolífico na história do Milan. E quando foi contratado pelo Dynamo Kyiv, Sheva teve que se "contentar" com a quinta posição na lista de maiores artilheiros do clube, com "apenas" 124 gols!

Ucrânia em seu coração

Na primeira aparição oficial da Ucrânia na Copa do Mundo de 2006 na Alemanha, Sheva liderou sua seleção até as quartas de final, onde foram derrotados pela Itália, o eventual vencedor do torneio.

4 PASSOS PARA A FAMA DURADOURA

O REI DO MILAN

Com 14 gols, ele é o atacante que mais marcou no "Derby della Madonnina", o jogo em que os dois times da cidade, Inter e Milan, se enfrentam.

ORGULHO NACIONAL

Em 111 partidas com a camisa amarela e azul da Ucrânia, Sheva marcou 48 gols, tornando-o o maior artilheiro de todos os tempos da seleção nacional.

BOLA DE OURO!

Após Oleg Blokhin e Igor Belanov, ele é o terceiro ucraniano a ter ganhado o prestigiado prêmio de futebol, em 2004.

"CONFIE EM MIM, EU SEI COMO FAZER!"

Como treinador da seleção nacional da Ucrânia, ele levou a equipe às quartas de final do Campeonato Europeu 2020 pela primeira vez na história.

FRANÇA

MICHEL PLATINI
O REI DO CHUTE LIVRE

NOME:
Michel François Platini

APELIDO:
Le Roi (O Rei)

DATA DE NASCIMENTO:
21 de junho de 1955

LOCAL DE NASCIMENTO:
Joeuf, França

CARACTERÍSTICAS DISTINTAS:
Jogador meio-atacante de classe inconfundível, mago da bola parada, que a joga por cima da barreira.

SEUS CLUBES:
Nancy, Saint-Étienne, Juventus

MEIO-ATACANTE — 10

O goleiro tenta me animar. Ele é obstinado, um daqueles que não larga o osso. Eu olho de volta, como um cão. Então, corro para a bola e solto um míssil, que dispara em direção ao topo da rede. Estou prestes a pular de alegria, mas meu grito de triunfo fica preso na garganta. O goleiro farejou; ele sente onde vou colocar a bola. Ele se joga no ar e só consegue empurrá-la por cima da barra com sua... cauda. Por cima da porta da garagem, isso mesmo! Então, Fufi, o cachorrinho da minha prima Stefanina, corre até mim abanando o rabo. Quando eu treino, sempre coloco Fufi no gol!

– Grande defesa! – sussurro eu, certificando-me de que ninguém me ouve. Tenho apenas sete anos de idade, mas já não suporto perder.

– Prometo a você, Fufi, que um dia eu serei o rei da cobrança de falta. Atirador de pedigree por excelência!

1 HÁ UM NÚMERO MÁGICO
Ele é o único jogador (com Lionel Messi) a ganhar a Bola de Ouro por três anos consecutivos (1983, 1984 e 1985). No mesmo período, ele foi também o artilheiro da Série A: 1982/83, 16 gols; 1983/84, 20 gols; 1984/85, 18 gols).

2 JOGADOR E CAVALHEIRO
Em mais de 650 jogos pelo clube e pelo país, Platini nunca foi expulso. Um verdadeiro cavalheiro... um modelo de jogo limpo e de classe.

3 ASSINATURA
Seu ídolo era Pelé. Isso explica por que, quando criança, quando tinha que assinar qualquer coisa, mudava seu sobrenome para "*Peléatini*".

68

4 passes para uma fama duradoura

Escalando as alturas

Quando era pequeno, em casa chamavam-lhe "*o anão*". Mas graças às suas incríveis habilidades técnicas, ele alcançou as maiores honrarias do futebol.

No trono da Europa

Em 1984, Platini levou a seleção francesa à vitória no Campeonato da Europa, conquistando o título de artilheiro com 9 gols. Um recorde ainda invicto.

Obras-primas assinadas

Ele tinha um dom especial de fazer a bola passar por cima da barreira defensiva, e isso se tornou sua marca pessoal. Por esta razão, eram referidas como "*chutes livres à la Platini*".

Pendurando as chuteiras

Sua carreira de jogador terminou em 1987, com apenas 32 anos de idade. Isso porque ele não tinha intenção de envelhecer em campo. No entanto, impulsionado por um profundo amor e conhecimento de futebol, Platini permaneceu no jogo, servindo como Presidente da UEFA de 2007 a 2015.

INGLATERRA

HARRY KANE
O FURACÃO EM CASA

NOME:
Harry Edward Kane

APELIDO:
Hurricane (Furacão)

DATA DE NASCIMENTO:
28 de julho de 1993

LOCAL DE NASCIMENTO:
Chingford, Essex, Reino Unido

CARACTERÍSTICAS DISTINTAS:
Atacante central, um leão, mais caçador do que caçado, mortal com os dois pés.

SEUS CLUBES:
Tottenham Youth, Leyton Orient, Millwall, Norwich City, Leicester City, Tottenham.

ATACANTE

9

Estou no túnel, esperando para entrar em campo no Estádio *Tottenham Hotspur*, e já posso ouvir os torcedores gritando por mim. O suficiente para me dar arrepios. Daqui consigo distinguir uma fina faixa de estádio, apenas o suficiente para admirar as bandeiras azuis e brancas tremulando. Engraçado como a palavra "bandeira" é comum. Levantar a bandeira branca significa rendição. Isso é uma das coisas que eu não gosto. No esporte você pode perder tanto quanto ganhar, mas tem que continuar lutando até o fim. Além disso, mudar de cor também significa ir para o outro lado. Eu também não gosto disso. Nasci no nordeste de Londres e sempre torci pelo Spurs. Aos 21 anos de idade, realizei meu sonho e fiz minha estreia com esta camisa. Não consigo me imaginar jogando em outras cores. O árbitro nos dá o sinal para sairmos. O grito dos torcedores atrás do gol me atinge como um vento com força de furacão. Isso soa exatamente como meu nome:
– Harry Kane, um de nós!
Eu sorrio ao pensar em outro ditado, o que mais gosto: levante a bandeira. Significa respeito pelo meu clube e sua história, respeito pelo meu povo, por mim mesmo. Fácil para mim, pois dizem que eu sou o porta-bandeira do Spurs.

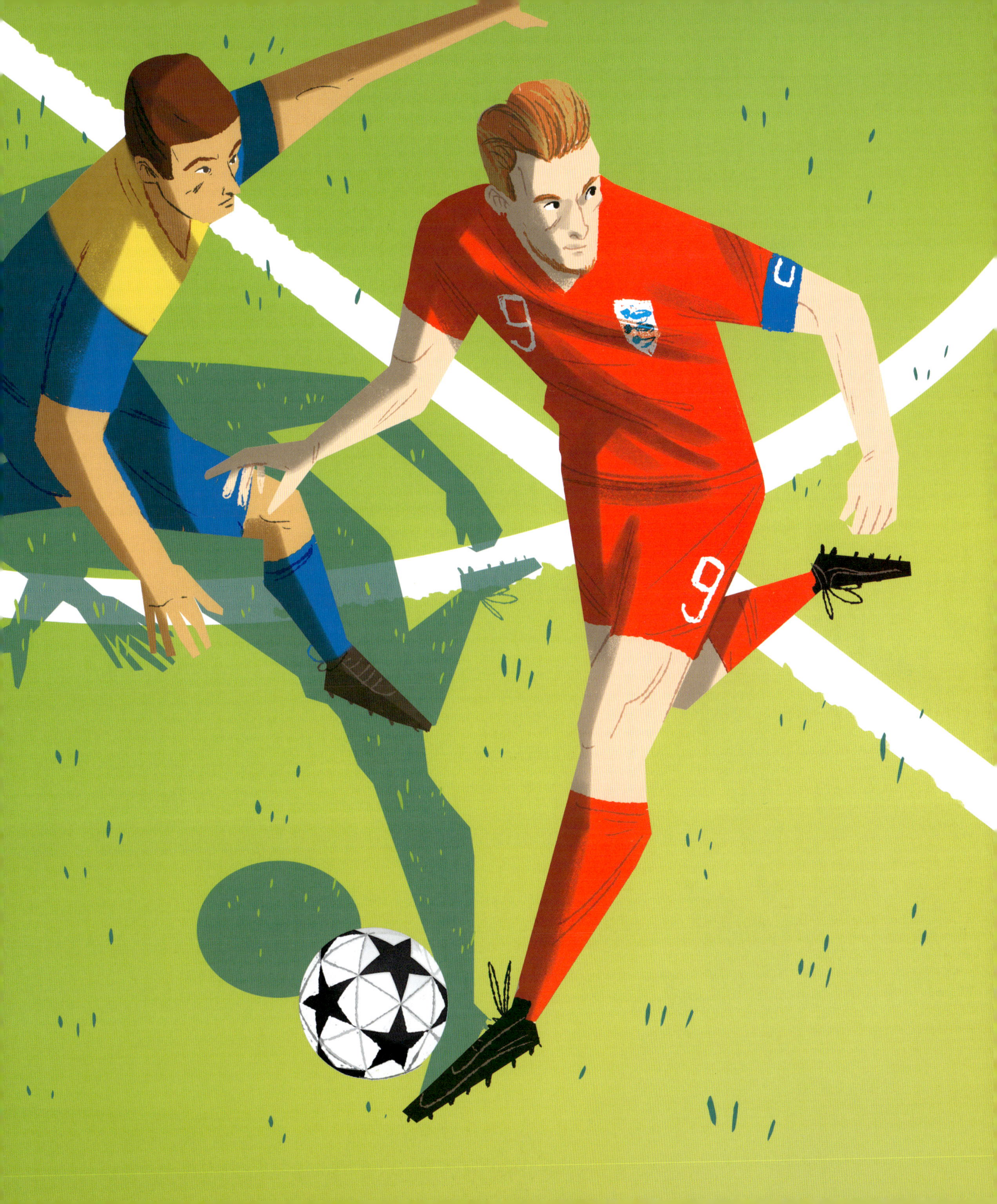

KANE

Fenomenal... em todas as áreas!

1. Kane entre os magos

Um mago entre os magos. Com seus 56 gols marcados em todas as competições juntas, em 2017 ele quebra o reinado de sete anos de Messi e CR7 para o maior número de gols marcados na Europa em um único ano.

2. Reescrevendo a história

A camisa do Spurs claramente o inspira. Em janeiro de 2018, marcando duas vezes contra o Everton na Liga, ele se tornou o atacante mais prolífico da história do clube na Premier League, superando até o lendário Teddy Sheringham. Ele também quebrou o grande recorde de Jimmy Greaves.

3. Sonho americano

Craque, não apenas no futebol tradicional. Kane também adora futebol americano e sonha um dia jogar como "Chutador" na NFL. Enquanto isso, ele deu o nome de Brady e Wilson aos dois cães labradores dele, em homenagem aos dois renomados *lançadores* Tom Brady e Russell Wilson.

4. Lutador dentro e fora do campo

Só por brincadeira, mas não totalmente. Um entusiasta de artes marciais mistas, Kane desafiou seu ídolo pelo *Twitter*, o lutador irlandês Conor McGregor, mas com uma condição: ele quer usar uma máscara de proteção...

5. O Cidadão Kane se junta à Ordem

Em dezembro de 2018, Kane recebeu o MBE (*Members of the British Empire*) por serviços prestados ao futebol. Tornar-se Membro do Império Britânico está entre as mais altas honrarias que o monarca pode conceder a um cidadão britânico.

Números que dizem tudo

A força de um vendaval na frente do gol

Atacante puro-sangue, ele foi artilheiro da *Premier League* três vezes: em 2015 e 2016 com 25 gols, em 2016 e 2017 com 29 gols e em 2020 e 2021 com 23 gols. Kane é um dos poucos jogadores, com o francês Thierry Henry e o inglês Alan Shearer, que marcou 20 gols ou mais em quatro temporadas consecutivas.

Primeiro europeu

Centro das atenções na Europa. Com o gol marcado pelo *Tottenham* contra o *Juventus* nas quartas de final da Liga dos Campeões 2017-18, Kane se tornou o primeiro jogador da história da mais prestigiada competição europeia a marcar 9 gols em suas primeiras 9 partidas.

4 Passes para uma fama duradoura

Tudo começou no gol

Sua carreira começou... entre os postes. E os errados! Harry deu seus primeiros passos no jogo como goleiro do *Arsenal*, arquirrival do *Tottenham Hotspur* de Londres.

Portas na cara dele

Entrar no time do Spurs não foi nada fácil. Ele tentou pela primeira vez quando garoto em 2004, mas várias portas se fecharam na cara dele. Kane teve que esperar dez anos antes de estrear no campeonato com a camisa do Spurs.

Harry com pressa

Harry fez sua estreia pela Inglaterra contra a Lituânia em 27 de março de 2015, uma vitória por 4x0 para a Inglaterra. Ele precisou de apenas 79 segundos para abrir o placar, o gol mais rápido de um jogador recém-chegado desde Bill Nicholson (*Tottenham*) em 1951.

Da Rússia com... uma chuteira de ouro

Principal jogador da Copa do Mundo de 2018 na Rússia, Kane ganha o prêmio "Chuteira de Ouro da Copa do Mundo FIFA" ao colocar 6 bolas no fundo da rede.

FRANÇA

KARIM BENZEMA
O atacante altruísta

NOME:
Karim Mostafa Benzema

APELIDOS:
King Karim, Karim the Dream, El Gato (O Gato)

DATA DE NASCIMENTO:
19 de dezembro de 1987

LOCAL DE NASCIMENTO:
Lyon, França

CARACTERÍSTICAS DISTINTIVAS:
Grande artilheiro com incrível inteligência tática

SEUS CLUBES:
Lyon, Real Madrid

ATACANTE
19

A bola vem alta, diretamente do meio-campo. Eu a detenho com o peito, defendendo-a com o meu corpo. Giro e passo pelo homem à minha frente, entregando a bola ao meu companheiro de equipe. Disparo para a frente e encontro meu espaço. A bola retorna aos meus pés e eu chuto. Este é um momento em que o tempo parece parar, e eu não consigo ouvir nada: só vejo o gol. Em seguida, gritos de comemoração enchem o ar: marquei um gol! Corro em direção às arquibancadas onde estão meus fãs: eles estão entoando meu nome enquanto meus companheiros de equipe me abraçam com um sorriso no rosto. Desde criança, sempre sonhei que um dia viveria momentos como esses, que conquistaria os corações dos meus fãs, que os emocionaria e lhes proporcionaria alegria. No entanto, nunca pensei que marcaria tantos gols! No final das contas, eu jogo exclusivamente para o time e nunca para mim mesmo!

1. "Quem é aquele garoto?"
Benzema iniciou sua carreira no futebol aos oito anos de idade, no Bron Terraillon SC, destacando-se imediatamente com dois gols contra o time sub-10 do Lyon, que, impressionado com o jogador, o recrutou.

2. Chute inicial e... gol!
Ele detém o recorde do gol mais rápido na história do *El Clásico*, o confronto entre Real Madrid e Barcelona. Ele levou apenas... vinte e um segundos desde o pontapé inicial para marcar!

3. Um francês com faro para o gol
Com mais de 400 gols em competições de clubes e 37 com a seleção nacional, Karim é o artilheiro mais prolífico na história do futebol francês. Forte com pés e cabeça e excelente provedor de assistência também.

4 PASSOS PARA A FAMA DURADOURA

"OBRIGADO, MÃE"

Quando Benzema ganhou a Bola de Ouro, levou sua mãe, Wahida, ao palco com ele e a agradeceu por todo o apoio que ela lhe deu desde pequeno e por acreditar nele.

"VELHO? EU NÃO DIRIA ISSO"

Benzema também detém o recorde de ser o jogador "mais velho" a marcar um *hat-trick* em uma partida da Liga dos Campeões da UEFA.

CAMPEÃO DO FAIR PLAY

Em mais de 16 anos de carreira, Benzema mantém um recorde incrivelmente importante: o talentoso jogador nunca recebeu um cartão vermelho e foi expulso do campo!

COLEÇÃO IMPRESSIONANTE

Benzema conquistou mais de 30 troféus de equipe (entre clubes e seleção nacional) e ostenta mais de 20 honrarias individuais, incluindo a cobiçada Bola de Ouro, conquistada após uma temporada memorável em 2022.

ESPANHA

ANDRÉS INIESTA
Ora você o vê, ora não...

NOME:
Andrés Iniesta Luján

APELIDO:
O Ilusionista, Dom Andrés

DATA DE NASCIMENTO:
11 de maio de 1984

LOCAL DE NASCIMENTO:
Fuentealbilla, Espanha

CARACTERÍSTICAS DISTINTAS:
Protótipo de jogador de meio-campo moderno, magicamente saindo de espaços apertados.

SEUS CLUBES:
Barcelona B, Barcelona, Vissel Kobe

MEIO-CAMPISTA — 10

Me chamam de "O Ilusionista", porque eu faço truques de mágica em campo, como fazer a bola desaparecer e depois fazê-la aparecer novamente fora do alcance do meu adversário. Fazer mágica é um sonho que tenho desde a infância. Eu sempre fui meio tímido, baixinho e um pouco doente. Se alguém olhasse para mim, convencido de que eu nunca chegaria ao futebol profissional, bem... eu simplesmente sentia vontade de desaparecer. Entretanto, decidi nunca desistir. Eu dizia a mim mesmo que tinha que jogar as cartas que eu tinha. Todos eles: Stamford Bridge, Chelsea x Barcelona, semifinal, Liga dos Campeões. Estamos aos 93 minutos de jogo e meu time está com um gol a menos. Se igualarmos, nos classificamos. Mas, neste momento, precisamos de um pouco de ilusionismo. Messi está na área com três homens. Ele me vê na beira da área e passa. Sem nem pensar, eu chuto a bola pela primeira vez com a parte externa do meu pé direito e ela entra logo abaixo da trave! Empatamos! Estamos na final! Eu arranco minha camisa e corro loucamente em direção aos torcedores atrás do gol. Não há mais necessidade de magia. O que me prende é o rugido da multidão. Eles me chamam de "O Ilusionista". Que mais provas você precisa? No estádio Stamford Bridge, Fulham, Londres SW6, eu tirei um coelho da cartola.

76

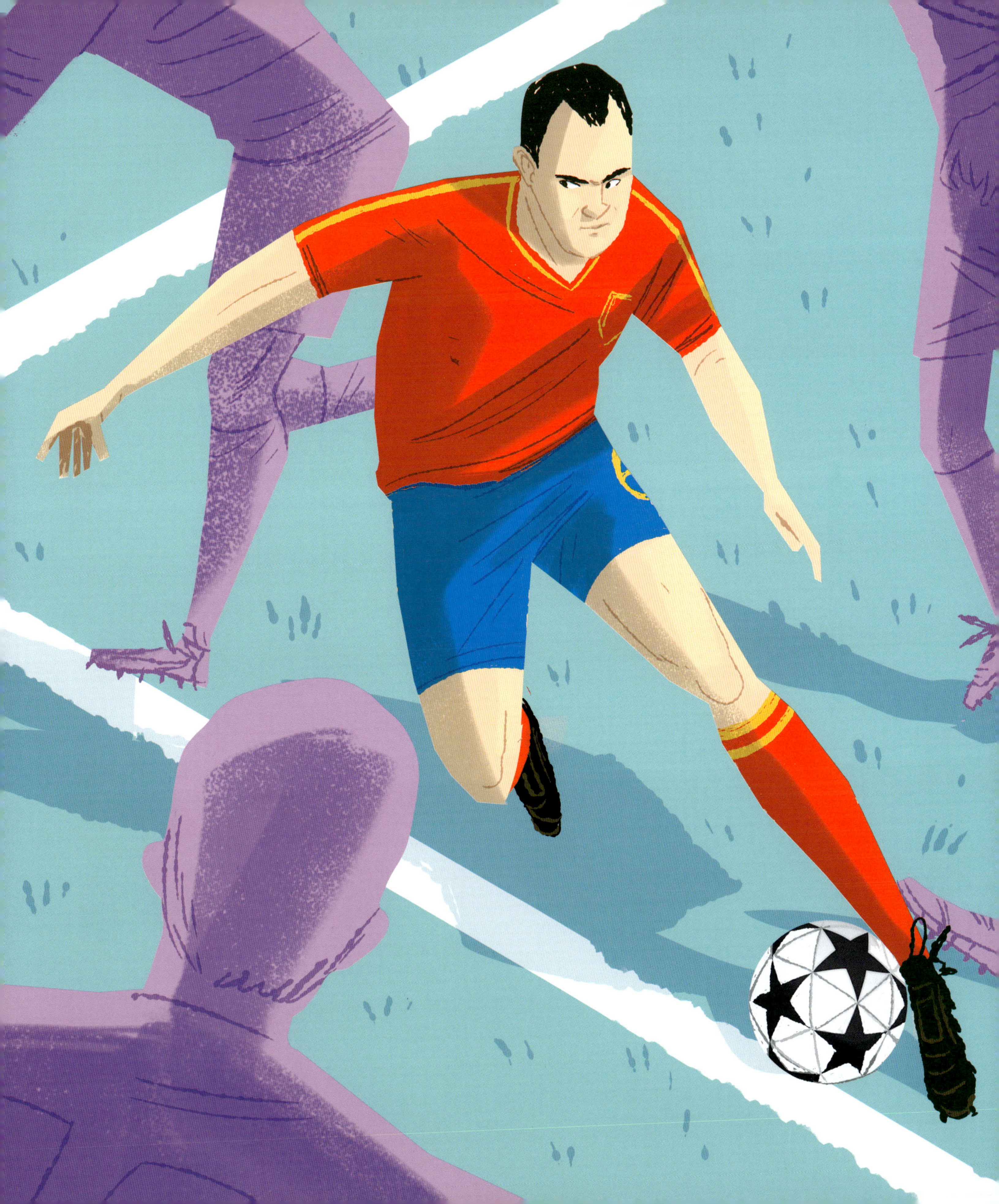

INIESTA
Fenomenal... em todas as áreas!

1. Medo de voar
Se alguém pode ser chamado de viajante frequente internacional, é o Iniesta. E mesmo assim... ele tem medo de aviões! Uma fobia, nem mais, nem menos. Quando o trabalho não o obriga a voar, ele aperta o cinto de segurança... no carro dele. Mesmo que isso signifique dirigir durante um bom tempo.

2. Lar, doce lar
Fidelidade total. Iniesta passou praticamente toda a carreira dele no Barcelona, onde conquistou nada menos que 32 troféus em 22 anos. Em 2018, ele finalmente "sai de casa", mas só depois de vencer a Liga.

3. Saúde!
Grande conhecedor de vinhos, Andrés e seu pai José Antonio abrem "La Bodega Iniesta", uma vinícola familiar. Eles alcançam sucesso internacional com um vinho chamado "Minuto 116". O rótulo relembra o gol marcado na prorrogação contra a Holanda na Copa do Mundo de 2010, em Joanesburgo.

4. Nunca fora dos holofotes
Em 2012, Iniesta estreou como ator, fazendo a dublagem do "Pirata Albino" no desenho animado "Os Piratas!" e de "Misfits". No ano seguinte, ele fez uma participação especial em "Quem Matou Bambi?".

5. Filho favorito
Na aldeia onde nasceu, Fuentealbilla, na província de Albacete, decidiram dar seu nome a uma rua: Rua Andrés Iniesta. Desta forma, Andrés colocou sua aldeia no mapa, e a aldeia colocou seu nome em uma placa da rua.

NÚMEROS QUE DIZEM TUDO

Medalhas em abundância

Com a camisa do Barcelona, Iniesta ganhou 9 Campeonatos Espanhóis, 6 *Coppe del Re*, 7 Supercopas da Espanha, 4 finais da Liga dos Campeões, 3 Supercopas da UEFA e 3 Mundiais de Clubes. Com a seleção espanhola, ele ganhou duas Copas da Europa (2008, 2012) e a Copa do Mundo (2010).

Mais títulos do que a Casa de Habsburgo

Os 37 títulos que conquistou com o clube e a seleção juntos fazem de Iniesta o espanhol mais premiado da história e o primeiro a ganhar o "Prêmio Chuteira de Ouro". Em 2012, ele subiu ao degrau mais alto do pódio, na cerimônia do "Prêmio de Melhor Jogador da UEFA na Europa". Abaixo dele estavam dois monstros sagrados: Lionel Messi e Cristiano Ronaldo.

4 PASSES PARA UMA FAMA DURADOURA

Pisando com o calçado do pai...

Para comprar o primeiro par de chuteiras para o filho, José Antonio Iniesta investiu dois meses de economias. A partir daí, Andrés nunca mais mudou de modelo... talvez como forma de dizer "*obrigado*".

Orgulhoso... mas modesto

Quando, aos 12 anos de idade, ingressou no time juvenil do FC Barcelona, ele era bastante pequeno e acanhado. Nas primeiras duas semanas, todas as noites ele chorava até adormecer. Contudo, ele nunca desistiu e nunca cedeu.

Dani Jarque, sempre conosco

Após marcar o gol da vitória na final da Copa do Mundo de 2010, ele revelou uma camiseta por baixo da camisa com uma homenagem a Dani Jarque. Dani jogou pelo *Espanyol*, um clube rival do Barcelona. Ele havia falecido no ano anterior, aos 26 anos de idade.

Uma nova palavra em seu vocabulário

Em maio de 2018, ele deixou o Barcelona e se mudou para o Japão para jogar no *Vissel Kobe*. Relata-se que ele disse que foi no Japão que aprendeu, pela primeira vez, o significado da palavra "derrota".

MONTENEGRO

Dejan Savićević
Deixando o gênio sair da lâmpada...

NOME:
Dejan Savićević

APELIDO:
Gênio

DATA DE NASCIMENTO:
15 de setembro de 1966

LOCAL DE NASCIMENTO:
Titograd, Montenegro

CARACTERÍSTICAS DISTINTAS:
Artilheiro canhoto, diretor criativo do inesperado, mestre da assistência.

SEUS CLUBES:
Budućnost, Stella Rossa, Milan, Rapid Vienna

MEIO-CAMPISTA

10

Caro Einstein, deixe-me chorar em seu ombro, sabendo, como um colega gênio, que você me entenderá. Quantas vezes temos que dizer a eles que pessoas como nós não são feitas para soluções "simples"? Você, com a ciência; eu, com o futebol. Nós dois confundimos o mundo em nossos campos separados. Você os surpreende com seus cálculos e eu os encanto com minha visão criativa. Você fez as contas para explicar o Cosmos e eu fiz números em espaços apertados que ninguém achava possível. E, apesar disso, meus treinadores de equipe reclamaram que eu não corri o suficiente. Ridículo! É como pedir para você recitar a tabuada, certo? Ah, está na hora? Desculpe-me. Devo ir. Tenho um encontro com um colega... aquele gênio da lâmpada, aquele que o Aladim soltou. Ele me pediu para ajudá-lo. Sabe, eu sou um mestre em realizar desejos, especialmente os dos fãs!

1. Atacante na defensiva
Mais do que um gênio rebelde e indisciplinado... eles o chamavam de osso ocioso! Muitos de seus treinadores, e especialmente no Milan, Fabio Capello, o criticavam porque ele não gostava de correr atrás para ajudar na defesa. Mas no ataque ele era um prodígio imprevisível.

2. Sorriso incrustado de diamantes
Sua coletiva brilhava, com brilho cristalino. Isso não se devia apenas ao pé esquerdo dele, mas à uma joia por si só, pois ele tinha um diamante incrustado num dente da frente.

3. Final surpresa
Na final da Liga dos Campeões contra o Barcelona em 1994, ele marcou um gol notável para o Milan com um chute de 30 metros com o pé esquerdo.

4 PASSES PARA UMA FAMA DURADOURA

UMA ESTRELA POR SI SÓ

Com o *Red Star Belgrade* (Estrela Vermelha de Belgrado), Dejan tornou-se uma estrela por si só ao conquistar 3 títulos consecutivos (1990, 1991 e 1992), 1 Taça dos Campeões (91) e 1 Taça Intercontinental (91) no espaço de 4 anos.

DIABO DO PÉ ESQUERDO

Em 1992, ele juntou-se aos "diabos" do *AC Milan*, onde seu pé esquerdo de ouro uniu forças com as habilidades dos seus invencíveis companheiros de equipe para ganhar 3 escudos de campeonato (1993, 1994 e 1996), 1 Liga dos Campeões (1994) e 1 Super Copa (1994).

FORA DO CAMPO... PARA TREINAR

Depois de se aposentar em 2001, ele se tornou comissário técnico da seleção iugoslava, sem poder repetir o sucesso goleador de sua carreira de jogador (20 gols em 56 jogos).

HOMEM DE MEIOS INDEPENDENTES

Quando foi eleito Presidente da Federação de Futebol de Montenegro, decidiu não receber salário. Como gostava de repetir, podia dar-se ao luxo de não o fazer.

ITÁLIA

Roberto Baggio
Lidando com os desafios da vida

NOME: Roberto Baggio

APELIDO: Divin Codino (Trança divina, em italiano. Uma referência ao seu rabo de cavalo)

DATA DE NASCIMENTO: 18 de fevereiro de 1967

LOCAL DE NASCIMENTO: Caldogno, Itália

CARACTERÍSTICAS DISTINTAS: Pés criativos, decisivos tanto para fazer quanto para marcar gols.

SEUS CLUBES: Lanerossi Vicenza, Fiorentina, Juventus, Milan, Bologna, Inter, Brescia

MEIO-ATACANTE — 10

Coloco a bola no lugar e dou alguns passos para trás. Eu olho para o árbitro uma vez; então mais uma vez. Tudo que eu quero é que ele apite. É meio-dia e o *Rose Bowl*, Pasadena, Califórnia, parece que está prestes a pegar fogo. Minha camisa gruda nas minhas costas. Eu me joguei no chão durante a prorrogação. Este é o nosso pênalti final, e a vitória da Itália sobre o Brasil depende de mim. Engraçado, realmente. Essa palavra tem estado comigo toda a minha vida: "penalidade". O início da minha carreira foi marcado por lesões. Três vezes meu joelho cedeu, e minha mãe, Matilde, estava ao meu lado diariamente. O mínimo que eu podia fazer era prometer deixar tudo para trás. Honrar aquela promessa tornou-se uma questão de dever e respeito... se preferir, uma espécie de penalidade. Quando o apito soa, eu começo minha corrida. Passos curtos e rápidos. Decido enfiar a bola no canto superior da trave. Miro e preparo o pé direito... a bola passa por cima da barra. Nós perdemos. Enquanto os brasileiros enlouquecem, fico ali olhando para o gol aberto. Estou exausto, mas um verdadeiro campeão sabe aceitar a derrota. Inclino a cabeça com vergonha, mas não será por muito tempo. Cair é humano. Levantar-se é o que faz o campeão.

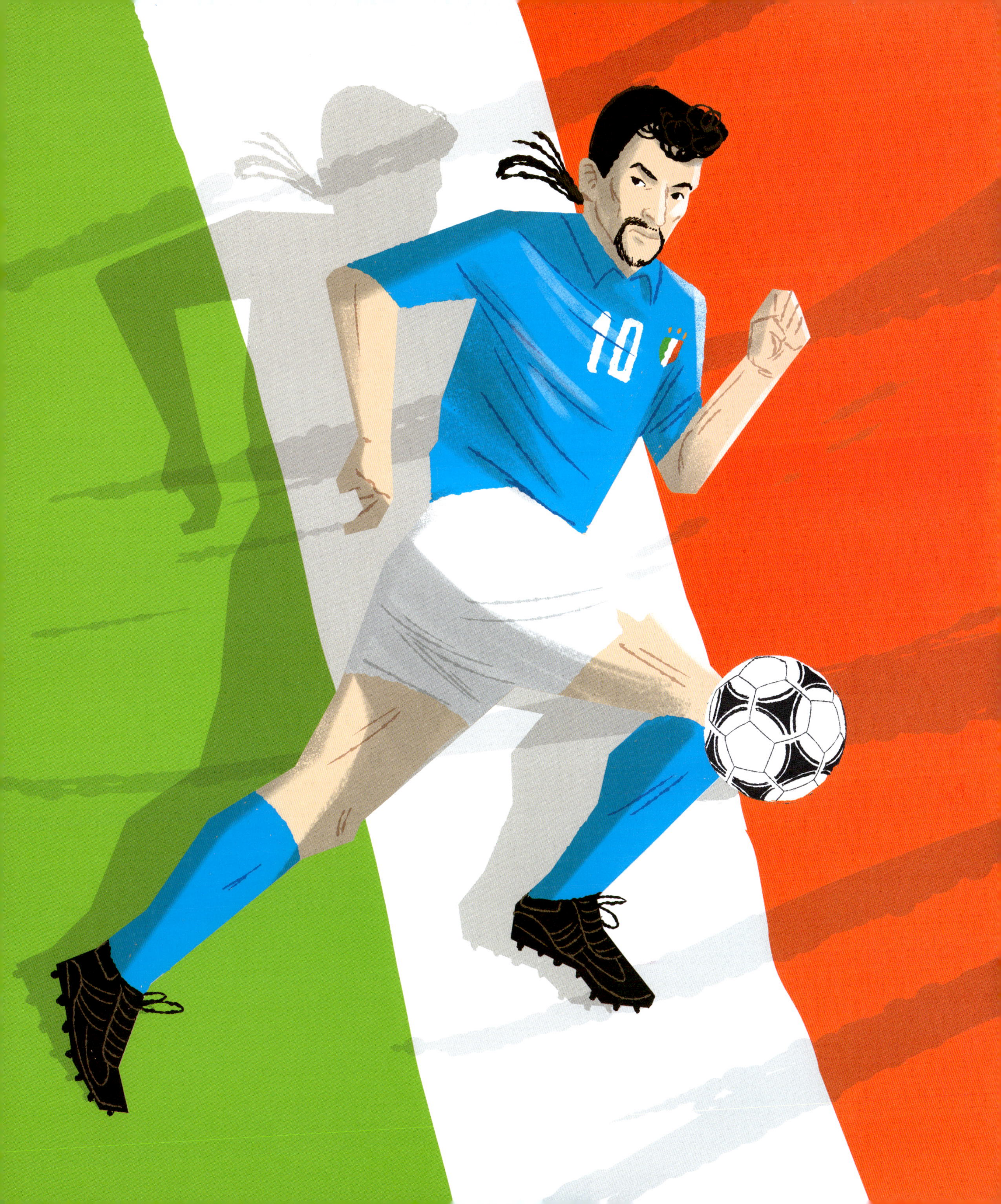
10

BAGGIO

Fenomenal... em todas as áreas!

1. Os heróis de Florindo
O sexto de oito irmãos, recebeu o nome de dois gigantes do futebol muito admirados por seu pai Florindo: Roberto Boninsegna (Inter) e Roberto Bettega (Juventus). Um de seus irmãos se chamava Eddy, em homenagem ao lendário ciclista belga Eddy Merckx.

2. Homem de família
Uma vida... um amor. Aos quinze anos de idade ele conhece uma garota local, Andreina, e eles estão juntos desde então. Eles crescem juntos, estudam na mesma escola, se casam e têm três filhos: Valentina, Mattia e Leonardo.

3. Música, maestro, por favor!
Na temporada 1997/98, em trinta jogos pelo Bologna, Baggio marcou vinte e dois gols. Lucio Dalla, o grande cantor e compositor e fã do Bologna, dedica a ele uma música do álbum *Luna Matana*.

4. Fortemente marcado: pelos fãs também!
Em 1990, o Juventus o comprou da Fiorentina pelo valor recorde de 8 bilhões de Liras (atualmente, cerca de 4 milhões de euros). Sem vontade de se separar de seu ídolo, os torcedores protestam nas praças de Florença.

5. Amado por aqueles que amam a paz
Em 2000, Baggio recebe o "Prêmio Mundial da Paz". A honra, conferida a ele por um júri de ganhadores do Nobel da Paz, reconhece seu compromisso vitalício com a situação dos necessitados do mundo.

NÚMEROS QUE DIZEM TUDO

Elogios

1993 foi o ano que selou a posição internacional de Baggio. Após fechar o Campeonato Italiano com vinte e um gols marcados pelo Juventus, ele marcou mais seis gols em partidas europeias e foi eleito Jogador do Ano da FIFA e Bola de Ouro. Atrás dele em pontos estavam o holandês Dennis Bergkamp e o francês Eric Cantona, ambos grandes nomes do futebol por seus próprios méritos.

Reescrevendo o livro de recordes

Com seus clubes, ele ganhou dois Campeonatos Italianos (1994/95 com o Juventus, 1995/96 com o Milan), uma Copa da UEFA (1992/1993) e uma Copa da Itália (1994/95), ambas com o Juventus. Jogando pela Itália, liderou sua seleção até a final da Copa do Mundo de 1994, marcando 5 gols nas rodadas classificatórias. Ele é o único jogador italiano a ter marcado em três Copas do Mundo.

4 PASSES PARA UMA FAMA DURADOURA

DE POSTES DE LUZ A POSTES DO GOL

Quando criança, ele brincava com qualquer coisa que rolasse, de bolas de tênis a papel molhado espremido em formato de uma esfera. E ele aperfeiçoou sua técnica de bola morta chutando em postes de luz.

AVENTUREIRO

Aos 13 anos de idade, ele se mudou para Lanerossi Vicenza e entrou em um alvoroço de gol. Jogando pelas equipes juvenis do clube de Veneto, ele marcou 110 gols em 120 jogos.

RAFFAELLO E O RENASCIMENTO

Depois de criar faíscas com Fiorentina (55 gols) e Juventus (115 gols), aos 31 anos de idade, o "Raffaello do futebol" desfrutou de uma segunda vida com o Bologna, marcando nada menos que 23 gols em 33 partidas.

COMBATE À FOME

Durante o Dia Mundial da Alimentação de 2002, ele foi nomeado Embaixador pela Organização das Nações Unidas para Agricultura e Alimentação por seu compromisso com o combate à fome no mundo.

LIBÉRIA

GEORGE WEAH
A PESSOA CERTA

NOME:
George Tawlon Manneh Oppong Ousman Weah

APELIDO:
Rei George, Rei Leão

DATA DE NASCIMENTO:
01 de outubro de 1966

LOCAL DE NASCIMENTO:
Monróvia, Libéria

CARACTERÍSTICAS DISTINTAS:
Poderoso atacante, gentil, generoso, um jogador de equipe.

SEUS CLUBES:
Mighty Barolle, Invincible Eleven, Africa Sports, Tonnerre Yaoundé, Monaco, Paris Saint-Germain, Milan, Chelsea, Manchester City, Olympique Marseille, Al-Jazira

ATACANTE
9

Eu era bom com os pés, mas também forte com a cabeça. Entretanto, nunca fui mais teimoso do que quando entrei na política e fui eleito... como presidente da minha nação, a Libéria. Depois de apenas alguns dias no cargo, ficou claro para mim que governar um povo é muito mais difícil do que levar um time de futebol à vitória. A palavra "pontuação" assume um novo significado: um governo deve pontuar o sucesso. Quando os eleitores exigem resultados, a única coisa a se fazer é arregaçar as mangas e seguir em frente. Claro, você tem que jogar em equipe, dar tudo de si no seu papel de líder. E sempre defender os verdadeiros valores: honestidade, generosidade e respeito pelas regras. Isso é um desafio constante. Ainda assim, no final de um dia de trabalho, quando as pessoas sorriem para mim, sei que estamos chegando lá, estamos ganhando o grande jogo.

1 UM ANO PARA RECORDAR
Em 1990, ano em que chega ao Milan, Weah faz história. Ele se torna o primeiro não-europeu a receber a Bola de Ouro, ganha o título de o "Melhor Jogador da FIFA" e, pela segunda vez, é eleito o "Jogador Africano do Ano".

2 NÃO PODEM ME PARAR AGORA
Jogando pelo Milan contra o Verona em 1996, ele marca um dos gols mais memoráveis da Série A, percorrendo todo o campo com a bola nos pés, dando de ombros para sete adversários e chutando com perfeição na direção do goleiro do Verona.

3 LIDERANÇA LEAL
Apesar das ofertas lisonjeiras para se juntar à seleção francesa, ele decide jogar por sua terra natal, a Libéria. Em 59 jogos, ele marcou 16 gols e usou a braçadeira de capitão.

4 PASSES PARA UMA FAMA DURADOURA

O GAROTO COM UMA FOME ENORME

Nascido em uma favela na Libéria, o jovem esperança foi criado com seus 12 irmãos e irmãs por sua avó. Com fome de futebol, ele se manteve trabalhando como recepcionista telefônico.

OITO DEPOIS DA BARREIRA

Em 1995, vestindo a camisa do Paris Saint Germain, Weah conquistou o título de artilheiro da Liga dos Campeões. Ele marcou gol 8 vezes.

DE CISNE BRANCO A LEÃO RUGINDO

Comprado pelo Milan para substituir Marco Van Basten, o lendário "Cisne de Utrecht", Weah marcou seu primeiro gol pelo novo clube aos seis minutos. A vítima do "Rei Leão" foi Pádua.

COMPETIÇÕES EM CASA

Quando sua carreira de jogador terminou aos 36 anos de idade, Weah entrou para a política, impulsionado por seu amor por sua terra natal, a Libéria. Em janeiro de 2018 ele foi eleito presidente, obtendo mais de 60% dos votos.

POLÔNIA

Robert Lewandowski
Insistindo no lado positivo

NOME:
Robert Lewandowski

APELIDO:
Bobek, Lewy, Lewangoalski

DATA DE NASCIMENTO:
21 de agosto de 1988

LOCAL DE NASCIMENTO:
Varsóvia, Polônia

CARACTERÍSTICAS DISTINTAS:
Finalização eficaz, com os dois pés no ar, modelo de espírito esportivo e disciplina.

SEUS CLUBES:
Znicz Pruszków, Lech Poznań, Borussia Dortmund, Bayern Munich

ATACANTE

9

Quando criança, eu era muito magro para ser um atacante peso-pesado. Essas poucas palavras resumem a minha carreira. Mas elas não são nada comparadas ao grande jogo que estava à espera. Jogo com aqueles que não acreditavam no meu impulso interior. Aqueles que não foram além das aparências físicas, o que, tudo bem, admito, não prometia um futuro campeão. Mas aos 12 anos de idade, e jogando com o time juvenil de Varsóvia, deixei todos sem palavras. Eu estava fatalmente atraído pela bola, e o sentimento era mútuo. Ninguém poderia tirar isso de mim. A única vez que nos separávamos era na frente do gol. Então eu soltava um foguete que fazia a rede se mover para trás. Quase sempre. Mas sempre tinha gente que, em vez de ver o que eu era capaz de fazer na área, só via um par de pernas de palito de fósforo, e ficava dizendo, *"Ele não tem estrutura para fazer isso internacionalmente."* Mas algo me ajudou. Sempre carreguei uma espécie de cartão de crédito aceito em todo lugar: meu primeiro nome. Convencido de que um dia seria campeão, talvez longe da Polônia, meu pai me deu o nome de Robert. E agora que sou um atacante de classe mundial e sedento de gols, finalmente entendi. Claro, eu era uma criança magricela. Mas era por isso que eu tinha apetite para vencer.

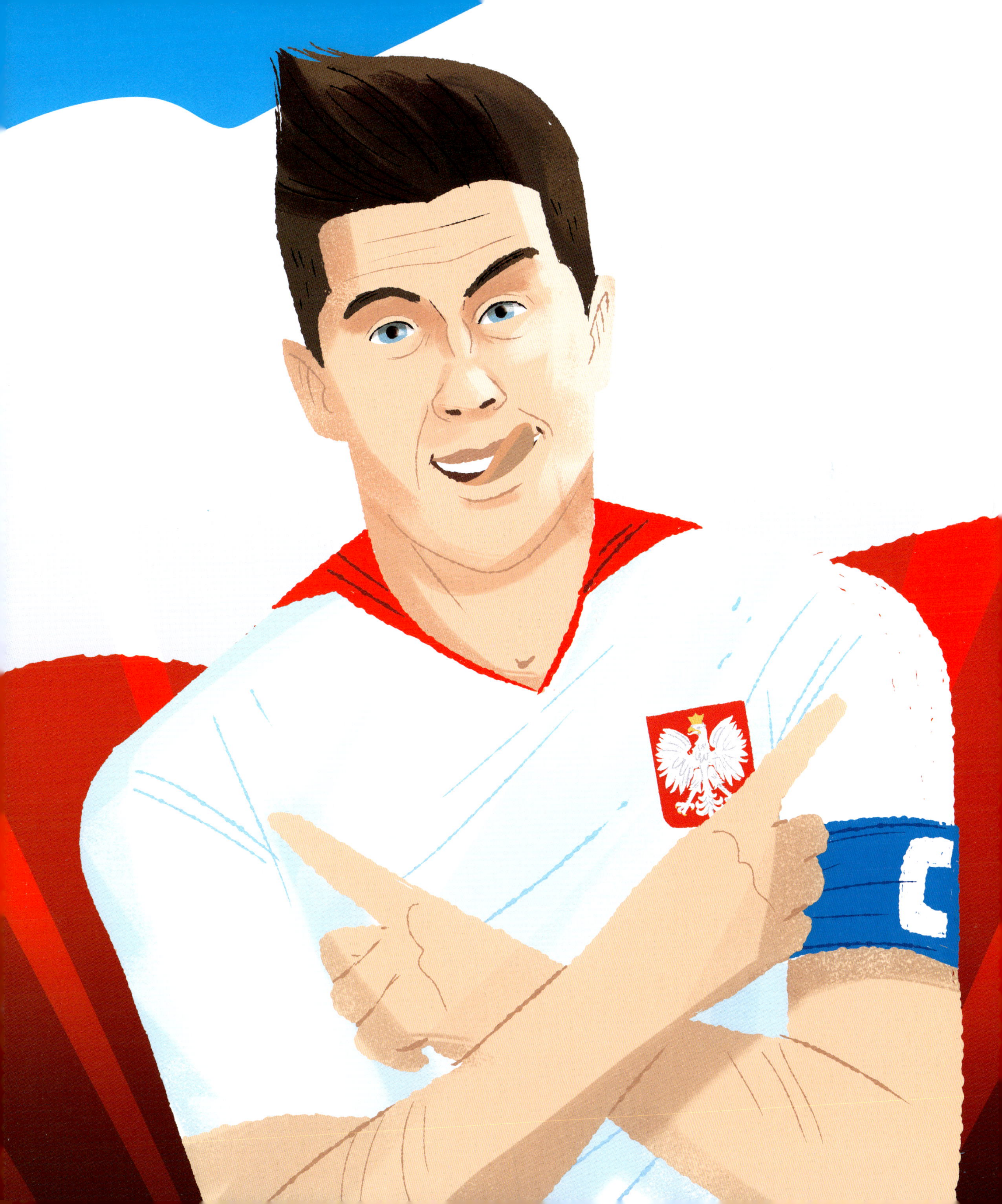

LEWANDOWSKI

Fenomenal... em todas as áreas!

1. É DE FAMÍLIA

O espírito esportivo está em seus genes. A mãe Iwona e a irmã Milena são jogadoras de vôlei, o pai Krysztof é campeão de judô e jogador de futebol, e a esposa Anna ganhou uma medalha de bronze no Campeonato Mundial de Karatê de 2009.

2. HABILIDADES DE BOLA NAS ALTURAS

Robert também é conhecido por dar demonstrações em um avião, do tipo: malabarismo com uma bola... na posição sentada! Ele manteve a bola "no ar" por 50 toques, comemorando como se tivesse marcado o gol da vitória.

3. SEMPRE ACREDITE

Uma questão de fé. Após a partida da Liga dos Campeões de 2014 em Roma, na qual os bávaros marcaram 7 gols em seus anfitriões, Lewandowski foi recebido no Vaticano pelo Papa Francisco.

4. CAMPEÃO EM AUTOESTIMA

Quando se formou em Treinamento e Gestão Esportiva pela Universidade de Varsóvia, ele escreveu a tese final intitulada "RL9: O Caminho para a Glória". Apenas um toque autobiográfico.

5. CAFÉ DA MANHÃ DOS CAMPEÕES

Sua esposa Anna mantém o físico dele em forma servindo refeições nutritivas ao meio-dia e à noite com base em ingredientes orgânicos. Um grande sacrifício para um homem que tem uma quedinha por balas de gelatina em forma de ursinhos.

Números que dizem tudo

Anos de fartura
Votado 9 vezes como "Melhor Jogador Polonês do Ano", Lewandowski marcou mais gols e ganhou mais internacionalizações do que qualquer outro jogador da seleção. E tem mais: ele é o maior artilheiro de todos os tempos nas eliminatórias tanto do Campeonato Europeu (13, com David Healy da Irlanda do Norte) quanto do Mundial (16).

Gols, por onde quer que vá
Depois de ganhar o prêmio de artilheiro em 3 divisões diferentes da liga nacional polonesa (2007, 2008 e 2010), ele ganhou 2 Campeonatos da Liga Alemã com o Borussia Dortmund (2011 e 2012), 7 campeonatos consecutivos com o Bayern de Munique (2015-2021), sendo também o artilheiro da Liga Alemã 5 vezes (2016, 2018, 2019, 2020 e 2021).

4 passes para uma fama duradoura

Nascido para vencer
Lewandowski compartilha um aniversário (21 de agosto) com outras duas lendas: o velocista Usain Bolt e Wilt Chamberlain, o grande jogador de basquete.

Só para iniciantes
Ele começou sua carreira em 1997 com o Varsóvia. Seu treinador de equipe na época, Sikorski, sempre dizia que ele era o melhor jogador com quem já havia trabalhado.

Em nome do pai
Cada primeiro gol marcado por um novo clube sempre foi dedicado ao pai dele, Krzysztof, já falecido. Isso explica o dedo apontando para o céu.

Toca aqui!
Em setembro de 2017, ele entrou no segundo tempo do jogo entre Wolfsburg e Bayern, que estava perdendo por 1x0. Em apenas 9 minutos ele marcou 5 vezes, um recorde que ninguém jamais conseguiu igualar.

CAMARÕES

SAMUEL ETO'O
O pequeno grande leão

NOME:
Samuel Eto'o Fils

APELIDO:
Pequeno Milla

DATA DE NASCIMENTO:
10 de março de 1981

LOCAL DE NASCIMENTO:
Yaoundé, Camarões

CARACTERÍSTICAS DISTINTIVAS:
Velocidade incrível e controle de bola

SEUS CLUBES:
Leganés, Real Madrid, Espanyol, Mallorca, Barcelona, Inter, Anji, Chelsea, Everton, Sampdoria, Antalyaspor, Konyaspor, Qatar SC

ATACANTE
9

Os fãs estão entoando meu nome: é como uma melodia, uma canção que preenche o ar e me transporta de volta à minha infância. São as mesmas vozes que me aplaudiram quando marquei meu primeiro gol, no subúrbio mais pobre de Yaoundé. Eles me chamavam de Pequeno Milla, como o atacante mais popular do meu país, e eu me sentia honrado por ser chamado assim, porque ele fez a seleção nacional e minha terra natal se orgulharem com suas muitas vitórias. Ao longo da minha carreira, vesti muitas camisas diferentes e enfrentei muitos desafios que venci e perdi da mesma maneira: lutando até o fim, porque os cânticos do meu povo me apoiaram a cada passo. E mesmo morando sempre na Europa, eu sabia que meu coração descansava na África todas as noites.

1. Pequeno Milla
O apelido surgiu porque o pequeno Eto'o conseguiu pegar a camisa de Milla quando o atacante a jogou para a torcida no final de uma partida. O apelido passaria então a definir suas grandes habilidades no futebol.

2. Dupla Tríplice
Com o Barcelona, e depois com a Inter, Eto'o conseguiu conquistar duas vezes a tríplice coroa, ou seja, a competição nacional, a copa nacional e a Liga dos Campeões.

3. Herói nacional
Com Camarões, ele conquistou uma medalha de ouro nas Olimpíadas de Sydney em 2000 e duas Copas Africanas (2000 e 2002). Eto'o também ganhou o prêmio de Jogador Africano do Ano quatro vezes.

4 PASSOS PARA A FAMA DURADOURA

RECORDE IBÉRICO

Eto'o é o jogador africano com mais participações na Liga Espanhola. Em cinco temporadas com o Barcelona, ele jogou mais de 200 vezes e marcou mais de 130 gols.

UM CORAÇÃO CHEIO DE SOLIDARIEDADE

Ele foi embaixador da UNICEF e fundou uma instituição de caridade com seu nome em Camarões, que ajuda crianças e jovens mais pobres.

UM INÍCIO QUASE PERFEITO

Em seu primeiro ano com a camisa azul e vermelha do Barcelona, Eto'o conquistou o campeonato espanhol e ficou em segundo lugar entre os artilheiros da temporada.

NUNCA DIGA ADEUS

Eto'o anunciou sua aposentadoria aos 38 anos, mas não desistiu do futebol, de jeito nenhum: na verdade, tornou-se presidente da Federação Camaronesa de Futebol.

ÍNDICE

Cristiano Ronaldo	p. 4
Zinedine Zidane	p. 8
Lionel Messi	p. 10
Marco Van Basten	p. 14
Gianluigi Buffon	p. 16
Ferenc Puskás	p. 20
Edson Arantes do Nascimento (Pelé)	p. 22
Johan Cruijif	p. 26
Mohamed Salah	p. 28
Lev Jashin	p. 32
Zlatan Ibrahimović	p. 34
Franz Beckenbauer	p. 38
Neymar	p. 40
Erling Braut Haaland	p. 44
Diego Armando Maradona	p. 46
Ronaldo	p. 50
Luka Modrić	p. 52
Ronaldinho	p. 56
Kylian Mbappé	p. 58
Hugo Sánchez	p. 62
Andrii Shevchenko	p. 64
Michel Platini	p. 68
Harry Kane	p. 70
Karim Benzema	p. 74
Andrés Iniesta	p. 76
Dejan Savićević	p. 80
Roberto Baggio	p. 82
George Weah	p. 86
Robert Lewandowski	p. 88
Samuel Eto'o	p. 92

Embora seja baseado em personagens reais, este livro é uma obra de ficção e todos os eventos aqui descritos são livremente inspirados em fatos que são de domínio público.